I0083424

INVENTAIRE
329091

MANUEL
DE
L'OISELEUR

OU

l'art de prendre, d'élever, d'instruire les oiseaux
et autres animaux d'agrément, en volière, en cage ou en liberté,
de les préserver et guérir de toutes maladies

SUIVI DE L'ART DE LES EMPAILLER
ET DU CODE DE LA CHASSE

PARIS
ARNAUD DE VRESSE, RUE DE RIVOLI

422

MANUEL

DE

L'OISELEUR

OU

L'ART DE PRENDRE, D'ÉLEVER, D'INSTRUIRE

LES

OISEAUX EN CAGE OU EN LIBERTÉ

De les préserver et guérir de toutes les maladies

SUIVI D'UN

TRAITÉ SUR L'ART D'ÉLEVER

LES ANIMAUX DOMESTIQUES ET D'AGRÉMENT

Ouvrage illustré de **30** gravures sur bois

TERMINÉ

PAR LA MEILLEURE MÉTHODE D'EMPAILLER ET DE CONSERVER

AUX OISEAUX & AUX QUADRUPÈDES

LEURS ATTITUDES NATURELLES

PAR

DESLOGES

SIXIÈME ÉDITION — REVUE ET AUGMENTÉE

PAR

P.-Ch. JOUBERT

Ex-Élève au Muséum, auteur de plusieurs ouvrages Industriels et Agricoles,
Membre Correspondant de l'Académie impériale de St-Pétersbourg, etc.

PARIS

ARNAULT DE VRESSE, 55, RUE DE RIVOLI

—

1867

S   1866   29091

MANUEL
DE L'OISELEUR

INTRODUCTION

Lorsqu'un livre en est arrivé à sa sixième édition, c'est que le public l'a jugé digne de son approbation : *le Manuel de l'oiseleur* est particulièrement dans ce cas.

Mais cette approbation met en même temps l'éditeur dans l'obligation de ne rien négliger pour rendre l'ouvrage de plus en plus complet, et, comme on le verra par la comparaison de la cinquième édition avec celle-ci, l'auteur y a apporté quelques additions essentielles, et a corrigé avec soin les parties qui laissaient à désirer.

Aujourd'hui, *le Manuel de l'oiseleur* est devenu un livre sérieux, nous dirons même un livre d'étude : l'amateur y trouve tous les documents nécessaires à l'éducation des oiseaux de volière; le lecteur indifférent y rencontre des pages attachantes par leur intérêt relatif, et le naturaliste peut y puiser d'utiles enseignements.

Nous n'avons en outre rien négligé pour qu'au point de vue typographique, notre livre soit irréprochable; aussi les plus grands soins ont-ils été apportés à cette partie du travail.   *L'éditeur :* DESLOGES.

1

CHAPITRE PREMIER

Études sur les cinq sens et le langage des animaux.

Du toucher. — Le toucher, ou le tact, est la faculté que possède les êtres vivants de juger de la forme ou de la disposition des corps qui sont mis en contact avec la peau.

Le toucher permet à l'homme et aux animaux de pouvoir établir spontanément les rapports de figure, de densité et de température.

La peau, cet admirable réseau qui couvre toute la surface du corps des êtres qui constituent le règne animal, se compose : 1° de la fibre panaire; 2° du derme; 3° du réseau vasculaire; 4° du *pigmentum;* 5° du corps papillaire, et 6° de l'épiderme.

La couleur noire de la peau est due au *pigmentum.*

La crypte est une espèce de follicules glanduleuses dont l'orifice forme une petite cavité par laquelle s'écoule la sueur.

Le phanère est une glande qui donne naissance aux cheveux, au duvet, aux poils, aux plumes, aux ongles et aux cornes des animaux.

Au fur et à mesure qu'on descend la série animale, au fur et à mesure la sensibilité du toucher devient moindre. - Chez les mammifères, la peau est couverte de poils, de crins, de soies, de laine, et parfois d'aspérités piquantes, comme dans le hérisson et le porc-épic. Chez les oiseaux, elle est couverte de plumes; chez les reptiles et les poissons, elle est nue ou garnie d'écailles. Les animaux articulés ont la peau tantôt dure, tantôt flexible. Les insectes l'ont ou cornée ou piliforme. Chez les mollusques, elle se confond avec la chair, mais les mucosités dont elle est couverte, en se desséchant, finissent par former une coquille. Il en est de même chez les rayonnés.

Du goût. — L'organe principal du goût est la langue ; cette dernière est formée par des muscles qu'on a divisés en *extrinsèques* et *intrinsèques.* Les premiers comprennent le stylo-glosse, l'hyo-glosse, le genio-glosse et le myo-glosse. Les deuxièmes renferment le faisceau lingual, un muscle lingual superficiel, un ligament transverse, un ligament vertical et des linguaux obliques.

Il existe, en outre, une troisième partie où réside le sens du goût : elle est composée de deux feuillets, l'un extérieur, épidermoïde, et l'autre interne, analogue au derme de la peau ; elle est parsemée de papilles qu'on distingue : 1° en papilles coniques; 2° en papilles fongiformes, et 3° en papilles alcalines, qui secrètent un mucus propre à amollir le bol alimentaire.

Tous les animaux qui mâchent leur nourriture ont le système papillaire bien plus développé que ceux qui l'avalent gloutonnement. Chez les mammifères et les oiseaux, la langue diffère à peine, mais elle varie chez les reptiles. Dans cette dernière classe, la langue est fourchue, rudimentaire, cylindrique ou repliée dans la bouche. Les poissons n'ont qu'une peau qui paraît peu propre à la gustation. Les mollusques et les insectes ont une langue représentée par un renflement de la peau de la bouche. Ceux qui possèdent des trompes ou suçoirs ont sans doute dans ces appendices quelques papilles nerveuses ou gustatives. Quant aux animaux rayonnés, il est hors de doute que ce sens a complétement disparu.

De l'odorat. — Le nez est l'organe de l'odorat; c'est un chapiteau au-dessous duquel viennent se précipiter les corpuscules odorants. Les muscles qui font mouvoir l'appareil de l'organe de l'odorat sont : le pyramidal, le releveur de l'aile du nez, le transversal du nez et le myrtiforme.

Les fosses nasales sont au nombre de deux; les parties solides qui les constituent sont les os : maxillaires, palatins, unguis, propres du nez, cornets inférieurs, éthnoïde, sphénoïde, vomer, le cartilage de la cloison et les cartilages latéraux. Une membrane onctueuse, appelée pituitaire, tapisse toute l'étendue. Le système vasculaire et veineux y est très-développé.

L'appareil de l'odorat est beaucoup plus sensible chez les mammifères carnassiers et chez les animaux de proie que chez l'homme; il est presque nul chez les poissons et les reptiles.

Les oiseaux, les poissons et les reptiles ont cet organe placé dans une poche située à la partie antérieure de la face. Dans les animaux sans vertèbres, l'odorat réside dans les trachées, organes de la respiration; chez les insectes, dans les antennes; chez les mollusques, dans leurs tentacules.

La vue. — La vue est représentée par les yeux, qui, d'après Blainville, ne sont que des phanères très-développés.

L'œil est formé de corps vivants et morts, percés en arrière pour donner passage aux vaisseaux et aux nerfs. L'enveloppe externe se nomme la sclérotique; elle est percée un peu au-dessous de son centre par le passage du nerf optique. Vient ensuite la cornée, qui forme la partie transparente. Sa face antérieure est recouverte par l'épanouissement de la conjonctive. La seconde enveloppe, après la sclérotique, est la choroïde. L'iris vient ensuite, c'est la terminaison antérieure de la choroïde ; il est percé à son centre d'une ouverture béante nommée pupille. Le ligament est un cercle blanchâtre qui unit la sclérotique et la choroïde.

La troisième membrane qui revêt la partie interne de la choroïde est la rétine ; ce dernier organe donne naissance au cristallin ; il occupe le centre de l'œil.

Les accessoires de l'œil sont les sourcils, les paupières et les voies lacrymales.

La conjonctive s'élève du bord libre d'une paupière au bord libre de l'autre, en passant sur le globe de l'œil.

Les voies lacrymales se composent de la glande lacrymale, de la caroncule, des points et conduits lacrymaux, du sac lacrymal et du canal nasal.

L'homme et les animaux terrestres ont l'œil sphérique ; il devient convexe chez les oiseaux ; les poissons l'ont aplati.

Les mammifères n'ont que deux paupières ; les oiseaux en ont trois, qui sont transparentes et qui, à leur volonté, leur permettent de recouvrir l'œil en entier. Cette faculté permet à l'aigle de fixer le soleil sans en être ébloui. Les reptiles, les tortues et les crocodiles ont aussi trois paupières. Les poissons n'en ont pas. Dans les sèches, les poulpes et autres mollusques, les yeux sont rudimentaires. L'œil, chez l'escargot, est placé à l'extrémité des tentacules ou cornes. Chez les animaux articulés, l'œil est immobile ; il se compose d'une membrane traversée par des filets nerveux. Les articulés ont des yeux simples et des yeux composés. Les yeux simples sont isolés et placés au sommet de la tête comme chez l'araignée. Les yeux composés se trouvent situés sur les parties latérales, comme chez les insectes. Les crustacés ont les yeux placés sur un pédoncule mobile. Dans les mollusques acéphales et les animaux rayonnés, il n'y a pas trace de vision.

Nous terminerons en disant que, chez les animaux nyctalopes ou nocturnes, chats, hiboux, etc., la pupille se rétrécit à la lumière et prend alors la forme d'une fente longitudinale.

L'ouïe. — Cet organe est un appareil par lequel nous percevons les corps au moyen des vibrations qu'ils nous envoient par l'intermédiaire de différents milieux.

Il existe dans l'ouïe quatre parties : 1° le vestibule; 2° les canaux demi-circulaires et le limaçon ou prolongement du vestibule; 3° l'oreille moyenne propre à renforcer les sons, et 4° l'oreille externe qui rassemble les ondes sonores.

Le vestibule est percé en arrière, afin de livrer passage au nerf auditif. Entre le vestibule et le limaçon se trouve la lymphe de Cotunni ou humeur de l'oreille.

Les phénomènes de l'audition sont encore fort peu connus, surtout chez les êtres d'un ordre inférieur. Chez les vertébrés, ce sens est plus ou moins parfait; mais, à mesure qu'on descend dans la série, il subit des dégradations telles qu'il finit par disparaître.

Chez les mollusques, cet organe n'est plus qu'un sac, dans lequel plonge un filament nerveux. Chez les insectes, il existe bien certainement ; mais on ignore son organisation exacte. Enfin, dans les classes inférieures, il semble disparaître.

La voix. — Comme complément au sens de l'ouïe, disons quelques mots sur la voix.

La voix est le son qui sort de la bouche de l'homme et

des animaux. Chez ces derniers, elle prend différents noms : c'est le hennissement, le brayement, le rugissement, le croassement, le gloussement, le sifflement, etc. Ces sons, en agissant sur l'air, le déplacent, et viennent affecter le tympan de l'oreille.

Tous les animaux ont-ils un langage ? La question est complexe. Si l'on entend par langage une collection de signes parlés, tous les êtres n'en sont pas doués ; mais si l'on entend par langage les moyens de s'entendre, de communiquer sa pensée, il est incontestable, suivant nous, que tous les animaux en ont un. Examinez deux fourmis se rencontrant : elles s'arrêtent, frottent leurs antennes, puis vous les voyez repartir en sens contraire. Suivez celle qui se rend à la colonie : elle s'approche, frotte ses antennes contre celles de plusieurs autres, qui repartent dans la direction indiquée. Où vont-elles ? Enlever le cadavre d'un coléoptère trop lourd pour une seule.

Il est bien positif que l'antenne de la fourmi, surmontée de houpilles nerveuses, est un véritable clavier que nos sens ne peuvent percevoir.

La voix se forme dans le larynx, qui est double chez les oiseaux. C'est à cette disposition qu'il faut attribuer la puissance et l'harmonie de leur chant. C'est surtout au moment des amours que l'oiseau se livre, avec une extrême ardeur, aux chants les plus entrainants : l'intonation, le rhythme président à la passion qui le fait agir.

Un poëte, par d'intelligentes onomatopées, a figuré le chant du rossignol, au moment où la femelle accomplit le grand acte de l'incubation. Nous nous plaisons à rappeler ici cette gracieuse inspiration :

> Dors, dors, dors, dors, ma douce amie,
> Amie, amie,

Si belle et si chérie,
Dors en aimant,
Dors en couvant,
Ma belle amie,
Nos jolis enfants,
Nos jolis, jolis, jolis, jolis, jolis,
Si jolis, si jolis, si jolis
Petits enfants.

(Un silence.)

Mon amie,
Ma belle amie,
A l'amour,
A l'amour ils doivent la vie,
A tes soins ils devront le jour;
Dors, dors, dors, dors, ma douce amie,
Auprès de toi veille l'amour,
L'amour,
Auprès de toi veille l'amour.

D'autres oiseaux ont leur vocabulaire. M. Dupont, consciencieux observateur, a constaté que le corbeau a un alphabet composé de vingt-cinq sons différents, savoir :

Cra, cré, cro, cron, crouon,
Grass, gress, gross, grouss, gronons,
Craé, crea, croc, crona, groness,
Crao, creo, croa, crone, gronass,
Craon, creo, croo, crono, gronoss.

Le chien n'emploie que deux consonnes : le *g* et le *z*, qu'il combine avec les cinq voyelles.

Le chat se sert des cinq voyelles et des six consonnes suivantes : *m, n, g, r, v, f.*

Nous n'en finirions pas, si nous voulions citer tous les faits intéressants se rattachant à l'organe de la voix chez les animaux.

CHAPITRE II

Principes généraux d'éducation concernant les oiseaux, les animaux domestiques
et les poissons.

La volière, c'est-à-dire la maison, le domicile de la gent
ailée, se place habituellement dans le jardin. Comme auxi-
liaires, il existe cependant la volière de salon et la volière
de fenêtre.

Nous ne parlerons ici que de la volière de jardin; ren-
voyant, pour les deux autres, au chapitre qui leur est spécialement consacré.

La volière de jardin doit être exposée au levant, au midi,
et à l'abri du nord; il est bon d'y pratiquer quelques re-
traites murées dans lesquelles les oiseaux puissent se préserver des chaleurs de l'été et des grands froids de l'hiver.
L'intérieur du mur doit être peint en couleur claire et
gaie, soit blanc, bleu de ciel, vert ou à fond de paysage.
Autant que possible, il faut laisser croître, au centre de la
volière, cinq ou six arbres à verdure permanente; ou
bien encore on renouvelle tous les mois des rameaux coupés exprès pour rendre aux yeux des oiseaux l'effet de la
végétation naturelle. Deux arbres ou arbustes doivent être
laissés à demeure, et placés à certaine distance l'un de
l'autre. On suspend à leurs branches quelques petits paniers propres à devenir des nids, qu'on couvre en dehors
et sur les bords de feuillage d'asperge.

On fera en sorte de conduire dans les abreuvoirs de cette
volière de l'eau vive; on nettoiera ces abreuvoirs tous les
deux ou trois jours.

Comme il est dangereux pour les oiseaux de se baigner
pendant qu'ils couvent, on aura recours, en cette circon-
stance aux abreuvoirs couverts; nous conseillons d'attacher

en même temps, dans l'endroit le plus commode pour manger, de la chicorée sauvage, des bettes, du laiteron, de la laitue et autres herbes semblables, avec quelques petits paquets de graines de plantain et de millet; et de placer, en outre, dans la volière, à l'entrée de la cage, deux barres de fer qui la traverseront totalement, et qui seront attenantes au mur. Ces barres, outre qu'elles servent de soutien, sont fort commodes pour percher les oiseaux.

Il faut placer intérieurement sur le plancher, le long des murs, des augets proportionnés à la grandeur de la volière et à la quantité des oiseaux. Dans l'un de ces augets, on met du grain et des criblures; dans l'autre, du millet et du panis; dans le troisième, du chènevis et de l'alpiste, et dans le quatrième, de la poussière et du sable mêlé avec des branches d'arbres, a la hauteur de deux doigts ou un peu plus. Ce dernier auget aura les rebords plus hauts, pour que les oiseaux, en se vautrant, afin de se débarrasser des parasites qui les tourmentent, ne jettent rien dehors. Il est essentiel aussi d'attacher avec une ficelle, aux deux traverses de fer, quatre ou cinq petits paniers revêtus de verdure, en employant trois cerceaux pour les faire, deux petits, et un grand pour le milieu.

Lorsqu'on s'aperçoit que les oiseaux gâtent leur manger et le perdent, on le met dans quelques vaisseaux de terre construits en forme de tour, ayant à leur base deux séparations ou guichets, d'où le manger puisse s'échapper peu à peu; ces vaisseaux doivent être garnis, à une distance d'environ deux doigts, d'une espèce de rebord.

On époussette la volière de temps en temps, et il est nécessaire de nettoyer les bâtons sur lesquels les oiseaux se perchent.

Il sera encore très à propos de placer, au milieu de chaque canton de la volière, un bâton mobile, ajusté dans son fer, qui puisse s'ôter et se remettre facilement.

Enfin, on fera en sorte que ce soit toujours la même personne qui prenne soin de la volière.

Avant de finir ce chapitre, qui ne renferme que des généralités au point de vue des volières d'agrément, qu'il nous soit permis du dire quelques mots sur les volières utiles.

La basse-cour ne sort pas de l'horizon de la ferme : c'est là que se trouvent la poule, la dinde, l'oie, le canard et même la pintade, quoique cette dernière puisse, à la rigueur, entrer tête haute parmi les oiseaux de volière.

On nomme volière une réunion d'oiseaux d'agrément et d'utilité renfermés dans un espace circonscrit. Nous ignorons si c'est la définition de l'Académie ; mais, en tout cas, c'est la nôtre.

La volière peut donc renfermer deux classes d'animaux : les agréables et les utiles. Nous appelons agréables, tous les oiseaux qui n'ont que leur plumage et leur chant en partage; nous nommons utiles, ceux qui ont leur plumage et leur viande succulente à nous offrir. Mais voyez, ô lecteur ! comme les savants en général, et nous en particulier, sommes inconséquents lorsque nous voulons classifier méthodiquement la création, et voyez comme nos appréciations, toutes mathématiques qu'elles puissent être, sont fausses parfois. En effet, le paon, par exemple, d'un aspect si charmant, a une voix qui crève le tympan, a une chair exécrable. La volière doit-elle s'en emparer, ou faut-il le reléguer dans la basse-cour ? Dans la basse-cour ? Pour quoi faire ? manger du grain ? Le cultivateur n'en a pas de trop. Gêner le service ? Il ne faut pas d'embarras à l'agriculteur. Si maintenant nous voulons le placer dans la volière utile, la raison nous répondra que sa chair est détestable; dans la volière d'agrément, son chant est atroce; cependant, son plumage nous dit que c'est là qu'il convient.

En présence de cette incertitude de classification, nous avons cru bien faire en donnant quelques notions sur les volières utiles. La pudique perdrix est utile, le fier faisan est utile, la timide caille est utile, le pigeon inconstant est utile, le vanneau hébété est utile, etc., et tous sont charmants.

Les soins généraux à apporter à l'éducation des animaux domestiques résident exclusivement dans une grande propreté. La domesticité semble avoir changé la nature de ces races. Si le chien et le chat nous rendent parfois de grands services, l'homme semble devoir les payer par des attentions de propreté dont l'animal, à l'état sauvage, ne paraît pas avoir besoin. Ce sont ces soins qui constituent l'hygiène des animaux domestiques.

Le chien de garde doit être logé dehors, dans une niche ouverte à tous les vents. Le chien de chasse ne doit pas quitter le chenil. Le chien d'agrément peut demeurer dans l'intérieur de la maison ; mais son lit doit être placé dans une chambre aérée, ou, mieux encore, dans un vestibule. C'est ne pas comprendre l'hygiène de ces animaux que de leur permettre d'habiter les chambres chauffées, les pieds de lit et les coussins des fauteuils.

Le chat n'est guère plus délicat que le chien : la propreté est cependant une des conditions premières de son éducation.

Il en est de même de l'écureuil ; seulement, à l'état de domesticité, l'écureuil exige en hiver une température plus chaude.

Quant au singe, les soins qu'il réclame sont encore plus minutieux. Nous engageons du reste nos lecteurs à se reporter au chapitre spécial traitant de cette espèce.

Les poissons s'élèvent dans les aquariums de salon, dans des bocaux reposant à demeure sur des meubles, dans des globes suspendus, ou enfin, dans les bassins des serres et jardins.

Dans ce dernier cas, si on en excepte l'alimentation, les soins sont nuls ; mais si l'éducation a lieu en vases portatifs, la plus grande propreté doit présider à leur entretien, c'est-à-dire que leur eau doit être renouvelée quotidiennement.

CHAPITRE III

Des principaux oiseaux de volière et de cage.

Nous nous bornerons, dans ce traité, à indiquer les principaux oiseaux qui servent à l'ornement d'une volière, de manière à mettre le lecteur au courant des notions les plus essentielles à l'éducation des oiseaux, et des soins à donner à leur conservation et à leur propagation.

Nous laisserons de côté les détails descriptifs, qui ne nous paraissent guère avoir d'intérêt, puisque nous parlons d'animaux que tout le monde connaît, au moins de vue.

LES ALOUETTES

On compte six espèces d'alouettes : 1° l'alouette com-

mune, 2° l'alouette des champs, 3° l'alouette des prés,
4° l'alouette des bois, 5° la grosse alouette ou calendre,
6° l'alouette huppée. On sait le charme et la délicatesse du
chant de l'alouette, immortalisé par la belle scène de *Ro-
méo et Juliette*. Nous ne décrirons pas les différentes chasses
de l'alouette, on sait qu'elles varient à l'infini ; c'est, du
reste, un oiseau assez facile à prendre. Quant à son éducation, on peut se reporter aux instructions données à l'é-
gard du rossignol, qui peuvent s'appliquer aussi bien à l'a-
louette.

Cet oiseau s'accouple en mai, et, depuis cette époque jusqu'en juillet, il fait trois portées de quatre à cinq œufs.

L'alouette huppée chante admirablement ; aussi la recom-
mandons-nous spécialement aux amateurs.

LA BERGERONNETTE

L'oiseau du laboureur ! En effet, la bergeronnette suit-la

charrue avec une persistance surprenante. C'est pour elle,
du reste, un moyen de découvrir sans peine les vers, dont
elle fait sa nourriture exclusive.

On l'appelle aussi *lavandière*. Son plumage est très-gracieux, et les continuels mouvements de sa queue en font
un oiseau très-remarquable. Elle pond, deux fois l'an,
quatre à cinq œufs, et, quoiqu'elle se prête difficilement
aux lois de la domesticité, si on lui donne les mêmes soins
qu'au rossignol, elle peut vivre longtemps, surtout si l'on
a à sa disposition une grande volière.

LE BEC-D'ARGENT

Ce bel oiseau de volière est surtout remarquable par
l'appendice membraneux et argenté qui lui garnit les deux
côtés du bec. Son plumage est rouge, jaune et noir. Sa nourriture consiste en chènevis, millet, fruits et insectes.

LE BENGALI

Un des plus magnifiques hôtes de la volière est sans con-

tredit le *bengali*. Originaire de l'Abyssinie, cet oiseau s'ac-
·couple en hiver, et la femelle pond, parfois, jusqu'a cinq
œufs. Son plumage est des plus brillants, son chant excessivement harmonieux, quoique très-vibrant. A l'état de domesticité, il vit sept à huit ans, et s'élève parfaitement au
millet et au mouron. Nous conseillons cependant d'ajouter
à sa pitance quelques vers, insectes et chenilles.

LE BOUVREUIL.

C'est un oiseau assez joli; le mâle a la tête noire, les
tempes, la gorge, la poitrine et le ventre rouges, le cou et
le dos d'un bleu cendré; la peau entière noire, bleuâtre en
dessus; le croupion blanc dessus et dessous; le bec noir,
très-gros, bossu des deux côtés; les deux mâchoires mo-
biles; les narines larges, recouvertes de petites soies; les
ailes noires, avec une ligne transversale blanchâtre; seize
grandes plumes des ailes noires, blanches vers le bord in-

térieur; douze plumes à la queue noires, sans taches; les plumes de l'aile sont en recouvrement, noirâtres, mais blanches au bout, depuis la neuvième jusqu'à la seizième. Quant à la femelle, elle a la tête noire jusqu'aux yeux; sa gorge noire, ses ailes aussi noires, blanches en dessus, de même que la queue; le croupion blanc, et la région des cuisses pareillement blanche; le dos cendré; la base de la queue blanche en dessus et en dessous; le bec très-court, très-gros et couvert de tous côtés; la langue ovale, charnue, divisée par filaments à son extrémité; le dessus du corps, depuis les yeux jusqu'aux cuisses, cendré; les grandes plumes des ailes et de la queue noires, et celles qui recouvrent les grandes plumes postérieures des ailes et de la queue, blanches par le bout. Le mâle devient peu à peu noir comme les corbeaux, lorsqu'il vit longtemps en cage. On prétend que c'est le chènevis qu'on lui donne pour nourriture qui occasionne ce changement de couleur; cependant il préfère cette graine à toutes les autres; mais quand il mue, il reprend sa première couleur rouge.

Le bouvreuil fait son nid dans les haies; la femelle y dépose pour l'ordinaire quatre œufs : l'épine blanche est celui de tous les arbrisseaux qu'elle choisit de préférence pour y construire son nid. Cet oiseau se nourrit, à la campagne, de vers, de chènevis et de quelques baies; au printemps, il fait un grand tort aux arbres fruitiers, surtout aux pommiers et aux poiriers, dont il mange les bourgeons. Si l'on veut élever les petits pris dans le nid, on les nourrit avec du cœur, et on leur donne de temps en temps des vers et de la pâte comme au rossignol. Lorsqu'ils sont un peu grands, ou, pour mieux dire, entièrement élevés, on peut leur donner du chènevis et des baies d'aubier (*viburnum opulus*). Quand on le prend grand, si on veut l'habituer à manger, il faut donner au bouvreuil beaucoup de nourriture; d'ailleurs, c'est l'oiseau le plus facile à apprivoiser. Il fait des petits et les élève dans les volières. On l'appareille quelquefois avec une serine ; mais, pour bien y réussir, il faut laisser écouler une année entière avant de la lui laisser approcher. Il ne faut pas même le laisser manger avec elle dans le même auget ; c'est le vrai moyen de les accoupler avec succès. Cet oiseau apprend les airs de flageolet, à contrefaire tout ce qu'on veut, même la voix de plusieurs oiseaux : on en a vu qui ont aussi appris à parler. La femelle ne chante pas moins bien que le mâle, ce qui est rare chez les volatiles. La durée de la vie de cet oiseau est d'environ cinq ou six ans.

LE BRUANT.

Oiseau d'un ton vert assez agréable à l'œil, le bruant est, avec le serin, un des plus amusants pensionnaires de la cage. La femelle se distingue du mâle par la pâleur verdâtre de son plumage, beaucoup moins accusé que celui du mâle.

On nourrit le bruant en cage avec du chènevis, de l'alpiste, ou même simplement de l'avoine.

Il vient si près des maisons pendant l'hiver, qu'on le voit souvent avec les moineaux devant les greniers et les granges, dans lesquelles il entre souvent. Il s'apprivoise facilement ; il s'habitue même à venir sur le poing, et à tirer avec adresse de petits seaux qui renferment son boire et son manger. Il chante assez doucement, surtout dans la compagnie d'autres oiseaux. Son chant est d'environ six notes ou tons sur une clef ; le dernier de ces tons est affaibli et allongé. Le bruant commence à chanter à la fin de février. C'est un oiseau du pays, il y fait toute l'année sa résidence ; on le trouve souvent dans la compagnie des pinsons. Il vit longtemps en cage ; cependant la durée ordinaire de son existence est d'environ cinq ou six ans.

Ceux qui aiment la chasse au filet ont coutume de garder des bruants, parce qu'au moyen de leur *appel* on peut prendre une grande quantité d'oiseaux.

Le temps de la chasse des bruants est en automne, et se continue jusqu'en avril; mais le meilleur moment sont les mois d'octobre et de novembre. Si l'on en veut prendre au printemps, il est nécessaire de former dans l'espace, entre l'un et l'autre filet, un buisson où on place, en forme de bosquet, de la roquette, de la mercuriale et de l'épine-vinette, avec quelques pieds de chardons; on y placera même des perches d'ormes : elles seront d'autant meilleures qu'elles auront leurs semences, et on arrangera de telle manière ces plantes sur le terrain qu'elles devront y paraître comme si elles y étaient venues naturellement.

LES CAILLES.

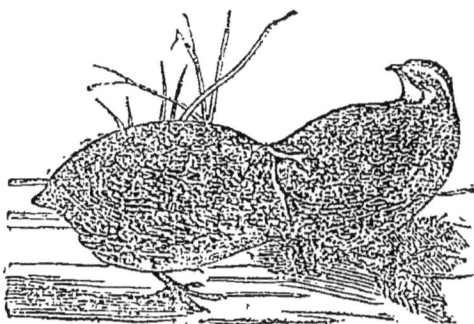

Ces oiseaux ont beaucoup de ressemblance avec les perdrix, mais plus petits. La *caille commune* est très-répandue dans nos contrées pendant la belle saison; elle dépose ses œufs à terre, dans les blés, et se nourrit principalement de grains et d'insectes. Quand approche la saison rigoureuse, elle nous quitte pour traverser la Méditerranée et passer l'hiver en Afrique.

Le caille se reconnaît très-bien à son cri, qui semble vouloir reproduire ces trois mots : *paye tes dettes.*

LE CARDINAL.

Le cardinal rappelle la robe rouge des élus de la religion catholique. Le rouge est l'emblème de la dignité, et comme, en fait d'analogie, tout ce que Dieu a créé repose sur un principe, le cardinal, par contre, est l'oiseau aristocratique par excellence. En effet, il fait bande à part, il s'écarte de ses compagnons de captivité, il fuit les joyeux ébats, et se complaît dans sa majesté.

Nous ignorons celui qui lui a donné son nom français; mais, pas moins, l'auteur a paru comprendre que l'esprit qui régit le cardinalat n'était pas étranger à la robe du volatile qui nous occupe.

Passons à la description de ce charmant oiseau.

Le cardinal, comme nous venons de le dire, a un très-beau plumage rouge, d'où lui vient son nom; il en existe cependant de verts et de gris. Originaire d'Amérique, il s'élève difficilement en Europe : aussi est-ce un oiseau très-rare dans nos volières; néanmoins, nous connaissons deux amateurs qui en possèdent un couple qu'ils nourrissent de chènevis, de millet et de navette.

LE CHARDONNERET

On le classe parmi les oiseaux chanteurs, et l'on n'a pas tort; on pourrait aussi le classer parmi les oiseaux charmant l'œil. Rien n'est plus gracieusement harmonieux, dans sa variété de nuances, que la robe du chardonneret.

Le mâle se distingue de la femelle par le tour du bec et les épaules complétement noirs, tandis que la femelle les a d'un brun caractéristique; du reste, la femelle n'a point sur la tête de taches rouges comme le mâle.

Pour élever les jeunes chardonnerets, il faut les prendre dans le nid lorsque leurs plumes sont entièrement poussées, et on les nourrit ensuite de la manière suivante : on prend des échaudés, des amandes mondées et de la semence de melon; on pile le tout ensemble, et on en fait une pâte; on peut encore faire cette pâte avec des noix et un peu de massepain. On forme avec ce mélange des boulettes, comme des petits grains de vesce ; on les présente une à une au bout d'une brochette aux petits, jusqu'à concurrence de trois ou quatre. A l'autre bout du bâton on a un peu de coton, on le trempe dans de l'eau, et on le présente ensuite à l'oiseau pour le faire boire. Lorsque les petits chardonnerets commencent à manger seuls, on leur donne du chènevis broyé avec de la graine de melon et du panis, et quand ils sont forts, on les nourrit exclusivement du chènevis.

Les meilleurs chardonnerets à élever sont ceux du mois d'août, et principalement ceux qui couvent dans les nids faits sur des pruniers et dans les broussailles, ou sur les orangers ; on a observé que plus les chardonnerets sont niais étant jeunes, meilleurs ils sont pour être élevés en cage. Si on met ces jeunes chardonnerets auprès d'une linotte, d'un serin et d'une fauvette, leur chant se coupe par sa variété : il forme une espèce de petit chœur. Des chardonnerets élevés en cage y ont vécu jusqu'à vingt ans.

On prend ordinairement les chardonnerets au trébuchet, à la piquée, ou au retz saillant.

LE CORBEAU

Malgré leur naturel défiant, ces oiseaux en captivité s'apprivoisent facilement et apprennent même à prononcer quelques paroles. Libres, ils placent leur nid dans les rochers, dans les fentes des hautes murailles, et dans les tours ou clochers élevés. Il y en a de différentes espèces : le *corbeau ordinaire,* la *corneille,* la *freux* et le *corbeau des clochers*.

LE COMBASSOU

Le combassou est aussi un de nos jolis oiseaux de volière. Il faut que celle-ci soit spacieuse, car cette espèce est excessivement remuante. Son plumage est fort beau. Son grand défaut est de tourmenter continuellement ses compagnons

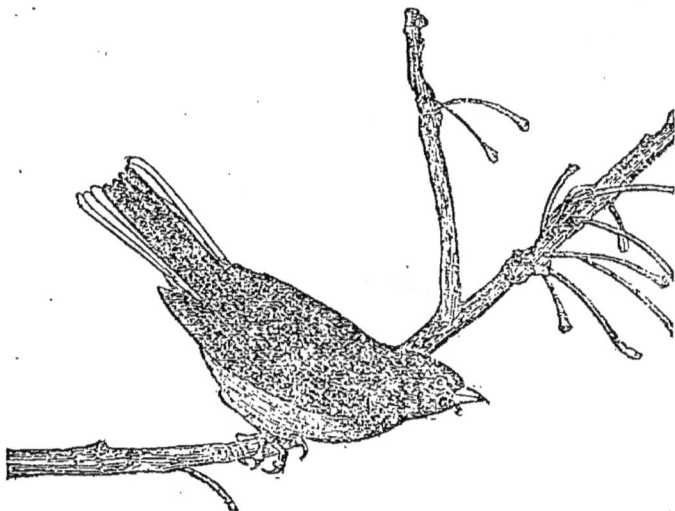

de captivité. il vit cependant très-facilement sous notre climat.

L'ÉMÉRILLON ET L'ÉMOUCHET

Nous ne citons ici que pour mémoire ces deux espèces, qui font partie des oiseaux de proie et qui, par conséquent, doivent être exclus de la volière. Originaires de nos pays, quelques propriétaires se plaisent à en élever un ou deux individus, qu'ils laissent courir dans les greniers, où ils font une chasse assidue aux rats et aux souris.

LE FAISAN

Le faisan habite les bois taillis; il perche la nuit. La femelle fait son nid à terre. On le prend à la poche ou au collet.

Les couveuses ne doivent avoir qu'un an.

Il faut cinq faisanes pour un coq.

Leur enclos doit être bien fermé, et, cependant, quel admirable volatile lorsqu'il est en liberté! Lorsqu'il court au milieu des geniévrières, vous le voyez marcher d'un pas lent, tourner sa tête à droite et à gauche, et malheur à lui si l'heureux chasseur parvient à le rencontrer à contre-sens de son plumage, car alors il peut dire adieu à la vie.

Le faisan est l'habitant indispensable des grandes volières; il est estimé avec raison, car non-seulement son plumage est fort beau, mais encore sa chair est succulente.

La nourriture des faisans doit être exempte de tout mauvais goût et composée de froment, d'orge, d'avoine ou de blé noir.

L'eau de leur boisson doit toujours être limpide.

Leur volière ou enclos doit être muni de gazon.

Les vers, les insectes et autres petits animaux ne peuvent que leur faire du bien.

Leur volière, qu'on appelle plus communément faisanderie, doit être chaque jour parfaitement nettoyée.

Les œufs se conservent peu de temps. Pour les faire éclore, nous conseillons de se servir de poules ordinaires, avec lesquelles, après l'éclosion, on les laisse dix ou douze jours. La nourriture des faisandeaux doit consister, pendant ce laps de temps, en œufs de fourmis noires, et leur boisson en lait; ensuite on peut les mettre à l'eau pure, et on leur donnera,

conjointement avec les œufs de fourmis, une pâte composée
de farine d'orge et d'un œuf avec sa coquille, mélange dont
on fera de petites boulettes qui ne devront pas dépasser la
grosseur des œufs de fourmis noires.

Les faisandeaux sont bons à manger au bout d'un an.

LES FAUVETTES

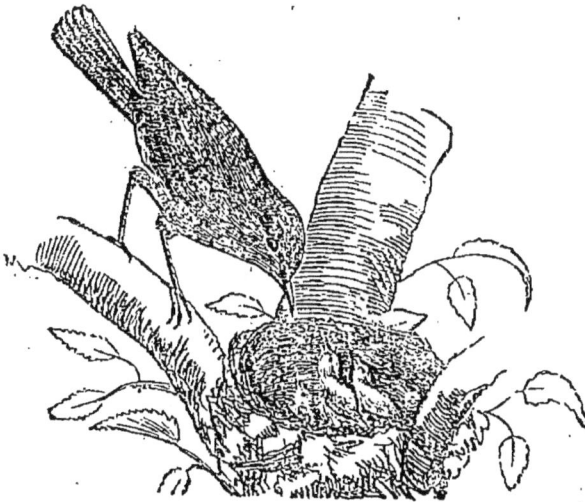

Nommer la fauvette, c'est annoncer le second sujet du
personnel chantant de nos bois et de nos volières, la grande
Dugazon de l'Opéra-Comique de la Nature. On connaît plusieurs espèces de fauvettes; mais celle qu'on élève le plus
généralement est la fauvette à tête noire, parce qu'elle
chante plus aisément et mieux que les autres.

Il n'y a peut-être pas d'oiseau qui reconnaisse mieux celui
qui le gouverne. Il exprime sa satisfaction par le battement
de ses ailes. Pour l'élever en cage, il faut prendre la fauvette

à tête noire très-jeune, et lui lier pendant quelque temps l'extrémité des ailes. Elle vit cinq ou six ans.

On se sert, pour élever les fauvettes, du même moyen usité que pour les rossignols.

LE GEAI

Il est un peu moins gros que le pigeon ; son plumage est remarquable. Tout le corps est d'un gris vineux, et l'aile présente une large tache bleu vif rayée de bleu foncé. Il se nourrit de glands pendant l'automne et l'hiver. Pendant les autres saisons, il mange les pois verts, les groseilles, les fruits de ronces et les cerises, etc. Étant jeune, on lui apprend facilement à parler : il contrefait très-bien le chien, le chat, la poule, les sanglots des enfants et le son de la trompette.

Les mœurs et les habitudes du geai ont beaucoup de ressemblance avec celles des pies.

On prend les geais en remplissant un vase d'huile de noix, que l'on met dans le lieu qu'ils fréquentent. L'oiseau, en approchant du plat et y voyant son image, suppose que c'est un geai, et fond dessus; alors ses ailes, imprégnées d'huile, ne lui permettent plus de s'élever en l'air.

LE GOBE-MOUCHES.

Le gobe-mouches à collier (*muscicapa albicolis*) et le gobe-mouches gris (*muscicapa grisola*) sont les deux espèces indigènes qu'on rencontre dans quelques volières d'amateur.

Le bec des gobe-mouches est robuste, comprimé, et garni à la base de poils longs et raides, ce qui donne à l'oiseau un aspect étrange.

Le gobe-mouches, à l'état sauvage, se nourrit exclusivement d'insectes. A l'état privé, outre les insectes, on lui administre du cœur de mouton haché menu, du veau cru, des vers, des œufs de fourmi et autres substances animales.

LA GRIVE CHANTANTE.

La voix de cette espèce est étendue et très-douce; elle se fait entendre, l'été surtout, à l'aube du jour et à l'approche de la nuit; elle a les yeux couleur noisette, le bec foncé, le dos, le dessus des ailes et la tête brun-olive foncé, les extrémités des plumes blanches, la partie inférieure du dos nuancée de jaune; la queue est brune, et les deux plumes de dessus à pointes blanches, les pattes jaunes et les ergots noirs. La femelle ne diffère du mâle que par moins d'éclat dans les couleurs; elle pond deux fois l'an, de trois à six œufs par couvée; les petits commencent à voler vers la fin d'avril. Pris au nid au milieu de leur croissance, il faut les nourrir avec du pain trempé dans du lait. On peut leur apprendre à siffler des airs. Une fois vieux, on les nourrit comme les merles, dont ils diffèrent peu. La grive boit et se baigne beaucoup; sa cage doit être spacieuse, vu ses élans brusques.

Nous possédons dans nos contrées trois espèces de grives : la *grive proprement dite*, la *litorne* et la *draine*, qui ne diffèrent entre elles que par les nuances du plumage.

LE GROS-BEC

Cet oiseau doit son nom à l'un de ses caractères distinctifs. Son corps est d'un tiers plus gros que celui d'un pinson; mais sa tête est, relativement à la taille, d'une grosseur démesurée : elle est de couleur roussâtre; son cou est de couleur cendrée, son dos est roux, sa poitrine et ses côtés sont aussi de couleur cendrée, légèrement teints de rouge.

Il a le gros bec, est fort commun en France, il se trouve sur les montagnes et dans les bois, et pendant l'hiver, il habite la plaine, il fait son nid sur le sommet des montagnes. Il y pond cinq ou six œufs. Il a le bec si fort, qu'il casse avec facilité les noyaux d'olive et de cerise, de même que les noix. Il fait beaucoup de dommage aux arbres; il en mange les bourgeons. Si on ne le tuait pas comme un oiseau bon à manger, on ferait très-bien de le tuer comme oiseau destructeur.

La durée de sa vie n'est pas déterminée. On le met en cage pour servir d'appelant quand on veut prendre de son espèce au filet. On lui donne pour nourriture du chenevis, du panis, de l'alpiste, et d'autres graines semblables. On est dans l'usage d'enfermer dans les volières; mais il ne faut pas que ces volières soient trop petites, car il ne manquerait pas de tourmenter les autres oiseaux.

L'HIRONDELLE

L'hirondelle serait, non pas un charmant plaisantin, oiseau, mais un des plus aimables; il conserverait les allures qui le distinguent lorsqu'il jouit de la plénitude de sa liberté.

Malheureusement, malgré tous les soins, malgré tout le confort dont on a cherché à entourer sa captivité, l'hirondelle en volière n'a jamais pu supporter plus d'un mois de prison sans que mort s'ensuive.

Les hirondelles émigrent; lorsqu'elles doivent quitter un pays, elles se rassemblent sur des points déterminés à l'avance, et, après de longues conférences, elles partent en troupe pour les pays où elles n'ont pas à souffrir d'un hiver trop rigoureux.

L'accouplage de l'hirondelle est des plus constant; une fois en ménage, le mâle ne quitte plus sa femelle; si l'un des époux vient à mourir, il est rare que l'autre ne le suive en peu de jours : plus de caquetage, plus de chasse, plus de travail. Quel magnifique enseignement pour l'espèce humaine!

La sociabilité est poussée à un haut degré chez cet oiseau. Linnée rapporte qu'un moineau franc s'était emparé d'un nid d'hirondelle. Rien ne put l'en faire déguerpir, quoiqu'une foule d'hirondelles fussent venues au secours du couple qu'on frustrait de sa propriété. Tout à coup la manœuvre change, l'assaut est suspendu, le siége est converti en blocus, et chaque hirondelle apportant sa becquée de mortier, le nid se trouve en peu d'instants muré comme la prison d'Ugolin.

L'hirondelle pond quatre à cinq œufs; l'éclosion a lieu vers la fin de juin.

LE JASEUR

Cet oiseau a la tête ornée d'un toupet de plumes un peu plus allongées que les autres. Il est à peu près gros comme un moineau, porte un plumage d'un gris vineux, la gorge noire; la queue est bordée de jaune à son extrémité; l'aile, noire ponctuée de blanc.

Cet oiseau arrive dans nos contrées à des intervalles longs

et sans régularité. Il est doux, sociable, facile à prendre et à élever ; il se nourrit généralement de tout.

LES LINOTTES

On connaît plusieurs espèces de linottes : la *linotte commune*, la *linotte grise*, la *grande linotte des vignes*, la *grosse linotte des montagnes*, la *très-petite linotte de Lorraine*, etc.

La linotte commune est grosse comme un moineau ; elle a la tête couverte d'un plumage cendré noir ; son dos est mêlé de noir et de roux ; sa poitrine est blanche ; son bas-ventre tire sur le blanc jaunâtre ; le haut de sa gorge est d'un beau rouge, et le bord des ailes roux ; leurs grandes plumes sont noirâtres et blanchâtres par les côtés et à leurs extrémités, ainsi que la queue ; la couleur de ses pieds est d'un brun obscur. On élève cet oiseau en cage, et on le nourrit avec du millet et de la navette; il chante très-bien, et il apprend avec facilité des airs de serinette.

La linotte grise, ou petite linotte, a ses plumes beaucoup moins roussâtres que celles de la précédente; elle commence à nicher dès le mois de mars, c'est-à-dire un mois avant l'autre.

La grande linotte des vignes est un peu moins grande que la linotte ordinaire; le plumage de sa poitrine et du dessus

de sa tête est rougeâtre; aussi l'appelle-t-on linotte rouge.

Le petite linotte des vignes a le bec moins gros et plus aigu. La femelle, de même que le mâle, est rouge au dessus de la tête, et ses pattes sont plus noires. Cette dernière espèce de linotte vole en troupe, ce que ne font pas les autres.

La grosse linotte des montagnes est plus grande du double que la grande linotte des vignes. Son croupion est rouge et sa queue est longue.

On ne nourrit les linottes en cage que lorsqu'elles ont été prises toutes jeunes dans le nid; dans ce cas, elles apprennent à siffler beaucoup plus facilement. On distingue les linottes aptes à être instruites d'avec celles qui n'en sont pas susceptibles, lorsqu'elles disent dans leurs prétendus ramages : *Dieu soit loué, Dieu soit béni*, et d'autres choses semblables. On les instruit le soir, à la chandelle, avec un flageolet ou une serinette; elles apprennent d'autant mieux qu'on a soin de leur siffler des airs doux et agréables, qui approchent même de la parole. Il n'y a que les mâles qui puissent siffler; on les distingue d'avec les femelles par trois ou quatre plumes de leurs ailes qui se trouvent blanches.

Quand on élève avec soin les linottes prises dans leurs nids, c'est-à-dire en leur donnant de bons aliments et en les tenant dans un endroit chaud, elles deviennent très-jolies. Il faut varier leur nourriture : on leur donne, par exemple, à manger du panis, de la semence de melon mondée et pilée conjointement avec le panis, ou avec un peu de massepain. On leur présente quelquefois cette nourriture à la main pour les apprivoiser. De toutes les graines qu'on peut leur donner, le panis est bien certainement la plus saine.

LE LORIOT.

Le loriot d'Europe (*oriolus galbula*) a une robe d'un beau jaune d'or, avec quelques taches noires; seulement, pendant la première année de son existence, son plumage a une teinte olivâtre foncé. Il faut, pour l'élever avec fruit, le prendre très-jeune; car les loriots sont des oiseaux voyageurs, par contre, peu sédentaires.

Les loriots se nourrissent d'insectes : mouches, coléoptères, chenilles. En volière, on leur donne du cœur de mouton, de la viande hachée, des vers, et, l'été, on ajoute à cette nourriture des cerises, des groseilles, des figues, des baies de sorbier et même des petits pois.

Rien de plus curieux, ni de plus artistement fait qu'un nid de loriots; ils le suspendent aux branches des arbres avec une adresse surprenante.

Les loriots vivent, à l'état de liberté, par paire; on ne peut donc espérer les conserver en volière qu'à la condition de réunir le mâle et la femelle.

LE MARTIN-PÊCHEUR

Le martin-pêcheur est un oiseau très-intéressant, mais qui ne peut habiter que les volières de campagne, encore ne vit-il en cage que fort peu de temps. Il doit avoir un grand abreuvoir, et, comme nourriture, des petits poissons.

On prend cet oiseau entre deux halliers de soie tendus sur l'eau, et espacés de quelques centimètres.

Le martin-pêcheur est sauvage et méfiant; il se tient de préférence sur les branches sèches, les pierres ou les monticules de sable, d'où il observe les alentours. C'est en sautant en l'air jusqu'à dix pieds de hauteur, pour se laisser retomber ensuite avec la rapidité d'une pierre, qu'il s'empare du petit poisson dont il a guetté patiemment l'arrivée, et qu'il préfère pour aliment à toute autre nourriture. Sans cesse aux aguets, le moindre bruit l'effraye; il part d'un vol rapide, et file en suivant ordinairement les contours des ruisseaux et en rasant la surface de l'eau, pour aller au loin chercher quelque nouveau poste d'observation où il puisse recommencer ses manœuvres, sans manquer aucune des précautions de la prudence la plus craintive. Sous le rapport de la beauté des couleurs, il peut le disputer aux plus belles espèces. Buffon dit de lui : « Il semble que le martin-pêcheur se soit échappé de ces éléments où le soleil verse, avec les flots de la lumière la plus pure, tous les trésors des plus riches couleurs. » Il est peu de plus belles teintes en effet que le bleu d'azur éclatant et l'aigue-marine qui se partagent toute la partie supérieure de son plumage, tandis que le roux ardent prédomine en dessous. Le bec des martins-pêcheurs est long et droit.

LE MERLE.

Oiseau chanteur, siffleur et même parleur, le merle s'élève aussi dans l'isolement. Le merle a surtout une mémoire remarquable : ce qu'il a appris une fois, il s'en souvient toute sa vie; mais sa voix n'a jamais la puissance d'articulation de celle du perroquet. Ce qu'il y a de mieux dans son organe et dans ses talents, c'est un sifflement qui est varié.

Lorsque le merle est enfermé avec d'autres oiseaux, son inquiétude naturelle dégénère en turbulence, il tourmente sans cesse ses compagnons de volière : aussi n'est-il bon de n'admettre dans ces dernières que des espèces plus grosses que lui.

Le merle est un oiseau très-facile à nourrir, à la condition de lui donner beaucoup d'aliments en graines et en restes de table de toute espèce. Il est aussi très-fécond, et on peut le faire pondre en cage.

Les espèces qu'on rencontre en Europe sont, après le *merle commun*, le *merle à plastron blanc*, le *merle de roche*, le *merle bleu* et le *merle solitaire*.

Le *merle polyglotte* est l'oiseau qui parle le mieux et qui a le plus de facilité pour apprendre; il est originaire d'Amérique.

LES MÉSANGES

On compte un grand nombre d'espèces de mésanges, vingt-cinq environ, dont six sont répandues dans toutes les parties de la France; ce sont la *charbonnière*, la *petite charbonnière*, la *nonnette*, la *tête bleue*, la *huppée* et la *longue queue*. Nous nous bornerons à signaler particulièrement la grosse mésange ordinaire, l'espèce la plus commune en France, et qui a les meilleures dispositions pour le chant.

La mésange est un oiseau carnivore; on la nourrit avec les restes des aliments de ménage, avec des limaçons, du fromage nouvellement caillé ou des œufs de fourmis; et, si on veut la régaler, il faut lui donner des noisettes.

LES MOINEAUX

On n'élève guère de moineaux dans les volières. Cet oiseau, colère et vorace, manque complétement d'amabilité; nous ne pensons pas que, sauf et depuis le *moineau de Lesbie*, si délicieusement chanté par Catulle et célébré depuis par Barthet, aucun moineau ait paru digne d'inspirer une passion ou une affection, à moins que ce ne soit à quelque pauvre prisonnier. Le prisonnier s'attache à tout ce qui lui rappelle la liberté, de même que le cœur de l'exilé se prend à tout ce qui lui rappelle la patrie.

Il faut à peu près vingt livres de blé par an pour nourrir un couple de moineaux; des personnes qui en ont gardé en cage nous l'ont assuré. Que l'on juge par leur

nombre de la déprédation que ces oiseaux font de nos
grains! car, quoiqu'ils nourrissent leurs petits d'insectes
dans le premier âge, et qu'ils en mangent eux-mêmes une
assez grande quantité, le grain est une partie essentielle de
leur alimentati   ; et disons qu'ils suivent le laboureur dans
le temps des   mailles, les moissonneurs pendant celui de
la récolte, les batteurs dans les granges, le fermier lorsqu'il
jette le grain à ses volailles.

M. Chatel de Vire n'est pas tout à fait de cet avis. Le moineau, pour lui, est un grand destructeur d'insectes et de
plantes nuisibles à l'agriculture. A peine, dit-il, dans un
mémoire lu à la Société d'acclimatations et à la Société pro-
tectrice des animaux, si le moineau mange un kilogramme
de bon grain, et, en compensation, ajoute l'auteur, il sauve
toutes les récoltes de la destruction des insectes.

Nous laisserons à M. Chatel toute la responsabilité de son
opinion, et nous reviendrons à nos moineaux.

Comme ces oiseaux sont robustes, on les élève facilement
dans des cages; ils y vivent plusieurs années. Lorsqu'ils sont
pris jeunes, ils ont assez de docilité pour obéir à la voix,
s'instruire et retenir quelque chose du chant des oiseaux
auprès desquels on les met; naturellement familiers, ils le
deviennent encore davantage dans la captivité; cependant
ce naturel familier ne les porte pas à vivre ensemble dans
l'état de liberté : ils sont assez solitaires, et c'est peut-être
là l'origine de leur nom. Comme ils ne quittent jamais
notre climat, et qu'ils sont toujours autour de nos maisons,
il est aisé de les observer, et de reconnaître qu'ils vont ordinairement seuls ou par couple; cependant, il y a deux
temps de l'année où ils se rassemblent, non pas pour voler
en troupe, mais pour se réunir et piailler tous ensemble :
l'automne, sur les saules, le long des rivières; et le printemps, sur les épines et autres arbres verts. C'est le soir

qu'ils se réunissent, et dans la bonne saison ils passent la nuit sur les arbres; mais en hiver ils sont souvent seuls ou avec leurs femelles, et ce n'est que quand le froid est violent qu'on en trouve quelquefois cinq ou six dans le même gîte, où probablement ils ne se mettent ensemble que pour se tenir chaud.

Ces oiseaux nichent ordinairement sous les tuiles, dans les chéneaux, dans les trous de muraille, dans les pots qu'on leur offre, et souvent aussi dans les puits et sur les tablettes des fenêtres dont les vitrages sont défendus par des persiennes à claire-voie; néanmoins il y en a quelques-uns qui font leurs nids sur les arbres. L'on nous a rapporté de ces nids de moineaux, pris sur de grands noyers et sur des saules très-élevés, qu'ils construisaient avec les mêmes matériaux, c'est-à-dire avec du foin en dehors et de la plume en dedans; mais ce qu'il y a de singulier, c'est qu'ils y ajoutent une espèce de calotte par-dessus qui couvre le nid, en sorte que l'eau de la pluie ne peut y pénétrer, et ils laissent une ouverture pour entrer en dessous, tandis que quand ils établissent leurs nids dans des trous ou dans les lieux couverts, ils se dispensent avec raison de faire cette calotte, qui devient inutile, puisque le nid est à l'abri.

« L'instinct se manifeste donc ici par un sentiment presque raisonné, et qui suppose au moins la comparaison de deux petites idées. Il se trouve aussi des moineaux plus paresseux, qui ne se donnent pas la peine de construire un nid, et qui chassent des leurs les hirondelles à cul blanc; quelquefois ils battent les pigeons, les font sortir de leurs boulins et s'y établissent à leur place. Il y a, comme on voit, dans ce petit peuple, diversité de mœurs, et par consé-quent un instinct plus varié, plus perfectionné que dans la plupart des autres oiseaux, et cela vient sans doute de ce qu'ils fréquentent la société; ils sont à demi domestiques sans être assujettis ni moins indépendants; ils en tirent tout ce qui leur convient sans y rien mettre du leur, et ils acquièrent cette finesse, cette circonspection, cette perfection d'instinct qui se remarque par la variété de leurs habitudes, relatives aux situations, au temps et aux autres circonstances. »

L'ORTOLAN

L'ortolan peut être comparé au *verdier jaune.* Cet oiseau chante agréablement. C'est l'hôte indispensable des volières qui appartiennent aux amateurs des bons morceaux : car, comme nous l'avons dit précédemment, la volière peut non-seulement réunir l'agréable, mais encore l'utile. En effet, l'horticulteur ne se contente pas seulement de la stérile rose et du fade dahlia, il aime aussi la chair farineuse de la pomme de terre et le tissu fondant du melon.

LE PAON

Le paon vit environ vingt ans. La femelle ne pond qu'à l'âge de deux à trois ans, et sept à huit œufs seulement chaque fois.

Nous conseillons pour l'incubation de se servir de la dinde.

L'incubation dure trente jours.

Dix jours après l'éclosion, on livre les petits à leur véritable mère.

Il convient, dans leur jeunesse, de les écarter du mâle, qui les tue quelquefois.

LE PAROARE

Ce bel oiseau est surtout remarquable par un brillant plumage, qui en fait un des beaux habitants de nos volières. La huppe redressée qui garnit la sommité de la tête lui donne en même temps beaucoup de grâce; il exige cependant, de la part de l'éleveur, des soins assidus, car il est très délicat.

On nourrit le paroare de millet, de viande hachée et de vers. La femelle pond trois œufs, qu'elle couve pendant quinze jours, durée de l'éclosion.

LE PASSEREAU

François Ier aimait les passereaux; il leur apprenait même à chanter. Le passereau, pris au nid, peut imiter parfaitement les modulations du flageolet. C'est un oiseau de la grosseur du merle; il vit huit à dix ans.

La nourriture du passereau est celle du rossignol.

LES PERDRIX

On en connaît de plusieurs espèces; la perdrix grise est la plus répandue; elle est très féconde et nous procure un excellente nourriture. La *perdrix rouge* se distingue de la précédente par son bec et ses pattes rouges, et par sa gorge blanche encadrée de noir; elle se tient plus souvent dans les endroits élevés et solitaires. La *bartarelle*, ou *perdrix grecque*, ne diffère de la dernière que par une taille un peu plus grande; on la trouve dans les montagnes. Elles se nourrissent de grains de toute espèce, de bourgeons de jeunes arbrisseaux, d'insectes et surtout de fourmis, dont

elles sont très-friandes. C'est ordinairement dans les sillons que la *perdrix grise* dépose ses œufs, dans un nid grossièrement préparé. Aussitôt l'éclosion, les petits suivent leur mère et cherchent avec elle leur nourriture.

La perdrix est d'un bon effet en volière; nous recommandons aux amateurs de se procurer des œufs et de les faire couver par une poule; par ce moyen, on peut avoir en cage une compagnie complète.

LE PERROQUET

À l'agrément de son plumage, le perroquet joint le charme d'une conversation peu variée. Il est vrai, mais son vocabulaire est très riche par les guttarales, comme l'être au milieu d'la langue...

Pour apprendre à parler aux perroquets, il faut avant que nous ayons leur donner la leçon le soir, et il nous faut répéter...

On commence par leur donner à manger de la soupe, qui est dans ce cas la meilleure nourriture, on...

Les perroquets préfèrent la voix des femmes et des enfants, dont ils aiment...

nation, et en présence desquels ils disent tout ce qu'ils sa-
vent. Parmi les perroquets, il s'en trouvent qui apprennent
plus aisément des paroles rompues, c'est-à-dire des noms
d'artisans ou de personnes de la maison; d'autres, des paroles plus suivies, tel que celui dont parlait Gesner, qui
chantait tout le *Credo*.

Rappelons ici le fameux *Vert-Vert*, qui, après avoir été
élevé, dans un trajet de la Martinique en France, par des
sœurs qui lui avaient appris le *Benedicite* et les *Grâces*,
avait fait une autre campagne avec des matelots, dont il
avait retenu les jurons; de telle sorte qu'il mêlait, de la
façon du monde la plus curieuse, le langage énergique des
marins et les saintes paroles de la pratique religieuse.

On accommode le bec aux perroquets deux ou trois fois
par année, pour qu'ils mangent mieux et ne gâtent point
leur cage; mais pour le faire, il faut avoir l'habitude de
cette opération.

Les perroquets mangent de toute sorte de nourriture,
telle que du pain, de la soupe, des châtaignes, des noix,
des pommes, des poires, des cerises, du fromage et autre
chose semblable; ils aiment surtout la graine de laitue :
mais le persil et les amandes amères leurs sont mortels.

Ces oiseaux boivent très-fréquemment; on aura donc soin
que leurs abreuvoirs soient toujours pleins d'eau, et on les
maintiendra propres, parce qu'ils sont sujets à la goutte.
Ils vivent de vingt à cent ans, mais ils tombent souvent du
mal caduc. Ils ont la propriété de ruminer.

Les principales espèces de gros perroquets sont : les *aras*,
les plus gros de tous; ils ont la tête, le cou, le dos et le
ventre couleur de feu; les ailes sont nuancées de bleu, de
rouge et de jaune; la queue est ordinairement toute rouge
et très-longue. L'ara est originaire de la Guadeloupe; jeune,
il apprend facilement à parler; il est d'un caractère facile,

doux et caressant; il s'attache beaucoup à la personne qui prend soin de lui.

Les *macaos*, très-remarquables par l'harmonie des couleurs diverses qui composent l'ensemble de leur plumage.

Les *kakatoès*, les *papegays*, originaires du Brésil, très-rares, très-bons et très-faciles à élever.

Les perroquets de moyenne taille sont :

Les *blancs crêtés*;

Les *verts*, très-communs le long de la rivière des Amazones;

Les *panachés*, très-riches et très-variés en couleurs;

Les *cendrés*, qui ont généralement la queue rouge, et réputés très-bavards;

Les *gris-blancs*, dont les plumes sont enrichies de quelques nuances rouges;

Les *écarlates*, originaires des Indes orientales;

Les beaux *perroquets de Clusius*, nuancés de bleu, de vert et de blanc;

Les perroquets dits des *Indes orientales*, qui se distinguent des autres par une mâchoire supérieure orangée, tandis que l'inférieure est noire;

Les perroquets sur la tête, le dos et la poitrine desquels on remarque un beau ton rouge aux reflets d'or brillants; et connus sous le nom d'*angolas*;

Les petits *perroquets du Bengale*, qui ont la gorge noire;

Les *perroquets du Brésil*, dont la tête est écarlate, avec une huppe d'un beau bleu au sommet;

Les *perroquets des Barbades*, qui ont le devant de la tête d'un fauve pâle, entouré d'une belle couronne jaune qui s'étend jusque sous la gorge; ils ont la réputation d'être très-doux et d'articuler très-distinctement les mots;

Enfin, les *perroquets couleur de frêne*, qui ont la queue d'un beau rouge vermeil.

La classe des petits perroquets se compose : du *perroquet à collier*, qui nous vient des Indes, et se distingue par un collier d'un beau vermillon qui tranche sur le ton vert de son plumage;

Du petit *perroquet tout vert*, le plus communément élevé en France;

Du petit *perroquet vert*, des Indes orientales, qui a le devant de la tête et la gorge d'un rouge écarlate, et le reste du corps vert;

Du *perroquet rouge et vert*, sur lequel on remarque quelques taches et quelques nuances de bleu;

Du *perroquet rouge et crêté*, qui a les ailes, la queue, la crête rouges, et le reste du plumage vert;

Du petit *perroquet de Bontius*, qui a le bas du ventre, la crête, le cou, le dessus de la tête incarnat, et le bout des plumes vert nuancé de bleu.

PERRUCHES-ARAS.

Elles appartiennent à l'Amérique; cette espèce est aussi très-commune dans la partie méridionale des États-Unis, où se trouve la *perruche* dite *de la Caroline*. Ces oiseaux apparaissent par bandes nombreuses à l'époque de la maturité des fruits, qui sont tous de leur goût, excepté les fraises. Leur nourriture se compose encore de graines de cyprès.

La perruche de la Caroline a le dessus du corps vert olive et le dessous d'un vert jaunâtre; sa robe est relevée par la couleur de la gorge, qui est d'un bel orange, et par celle de la tête, jaune chez la femelle, aurore chez le mâle, avec le front rouge cerise.

La *perruche magellanique* est aussi de cette famille; ses couleurs sont plus ternes. Le manteau est vert comme dans la perruche de la Caroline; mais les parties inférieures, au lieu d'être jaunâtres, sont brun de suie.

PERRUCHE A QUEUE LARGE.

On en connaît de beaucoup d'espèces, dont la plupart habitent l'archipel des Indes. Elles sont, en général, remarquables par des couleurs brillantes et variées, quelquefois uniformes sur tout le corps, comme dans la *perruche dorée*.

PERRUCHE A QUEUE A FLÈCHE.

L'espèce la plus commune est la *perruche à collier rose*, que l'on recherche en France non-seulement à cause de l'élégance de ses formes et la beauté de sa robe, mais encore à cause de sa docilité. Il en existe une autre espèce aussi remarquable que la première, c'est la *perruche d'Alexandre*, ainsi nommée parce qu'Alexandre-le-Grand a, le premier, dit-on, envoyé ces oiseaux en Europe : cette perruche a tout le corps d'un beau vert, avec une tache noire sous la gorge et un collier rouge sur la nuque.

Nous ne terminerons pas sans recommander aux amateurs la *perruche ondulée*, petite espèce de la grosseur d'une alouette, mais remarquable par son port et ses brillantes couleurs; on la nourrit de la même manière que la perruche ordinaire; son seul défaut est d'être d'un prix un peu élevé. La perruche ondulée peut être placée en compagnie des oiseaux les plus petits, elle ne leur fait aucun mal.

LA PIE.

On ne met pas la pie en volière, car elle y dévorerait ses voisins; mais on l'élève souvent isolée dans une cage, pour s'amuser à lui apprendre à parler et à imiter les chants et les cris des autres oiseaux; car la pie semble être l'oiseau du vol, du plagiat et de la contrefaçon. Il faut la nourrir de viande et de graines, et ne lui donner sa leçon que quand elle est rassasiée d'aliments.

LE PIGEON, LE RAMIER, LA PALOMBE ET LE BISET.

Tout le monde connaît le pigeon, aussi ne le décrirons-nous pas. Quelques notions sur son éducation nous paraissent cependant essentielles.

Un colombier doit se peupler au printemps.

On nourrit le pigeon de toutes sortes de grains.

A l'état de domesticité, la ponte a lieu tous les mois ; à l'état sauvage, deux et trois fois par an. Chaque ponte est généralement de deux œufs.

Le pigeon ramier est le plus grand de tous. Dans les Pyrénées et sur quelques parties du littoral océanique, on leur donne le nom de palombes. Le ramier est d'un gris cendré, plus ou moins bleuâtre, d'un roux vineux sur la poitrine, avec des taches blanches sur les côtés du cou et de l'aile.

Le biset est de couleur bise ou plombée ; seulement, il a une double bande noire sur l'aile, et le croupion est blanc. Le biset niche, à l'état sauvage, dans les rochers et les vieilles murailles. C'est lui que l'on dresse pour porter, à de grandes distances, les messages pressés.

LE PINSON.

Il y a deux espèces de pinsons : le *pinson commun* et le *pinson des montagnes*, qui ne vient en France qu'en automne et part à la fin de l'hiver.

Le pinson est un oiseau chanteur de premier ordre ; il imite parfois, d'une façon prodigieuse, le chant du serin et même celui du rossignol ; quoiqu'il ait la voix beaucoup moins étendue, il a souvent des points d'orgue d'un éclat

4

inouï. On dresse facilement le pinson; on peut même l'habituer à revenir à la cage après de petites promenades libres dans la plaines de l'air. On le nourrit avec du senevé ou de la graine de chardon.

LE PLUVIER.

Voir l'article du vanneau.

LE ROITELET.

L'oiseau-mouche de nos contrées! On peut difficilement se procurer des roitelets pour élever en cage ou dans des volières. Ces animaux sont si petits, qu'ils passent dans les mailles de tous les filets; si on les tire avec de la cendrée, on les hache en morceaux; on ne peut pas aisément non plus les prendre au nid, car ces oiseaux les construisent sur les plus hauts sommets des plus grands arbres. On distingue trois espèces de roitelets : le *roitelet ordinaire,* le *roitelet huppé* et le *roitelet non huppé.* Le plus joli de tous est le roitelet huppé ou crêté; son chant est une sorte de cri aigre peu agréable à l'oreille.

Pour élever les roitelets, il faut les prendre au nid. Sa couchette ne doit avoir pour ouverture qu'un petit trou rond capable seulement de le laisser passer, et cette couchette doit être doublée d'étoffe, afin que la lumière ne puisse y pénétrer.

Au devant de sa maison, le roitelet doit avoir trois râteliers : celui de droite devra contenir du cœur de mouton haché; celui de gauche, de la pâte à rossignol; celui du milieu, un peu plus large, devra servir d'abreuvoir et de salle de bain.

LE ROSSIGNOL.

C'est le virtuose des bois et des jardins; aussi les naturalistes le considèrent-ils comme le roi des oiseaux chanteurs

Le rossignol est un peu moins gros que le moineau, et est à peu près de la grosseur de la fauvette : sa tête, son collet, son dos sont communément d'un gris brun tirant sur le roux; sa gorge, sa poitrine et son ventre sont gris blanc; mais cette couleur est un peu plus foncée à la partie inférieure de la gorge et très-claire sur le ventre; les ailes sont mélangées de gris brun et de blanc roussâtre; la première plume de chaque aile est fort courte; il y a douze plumes,

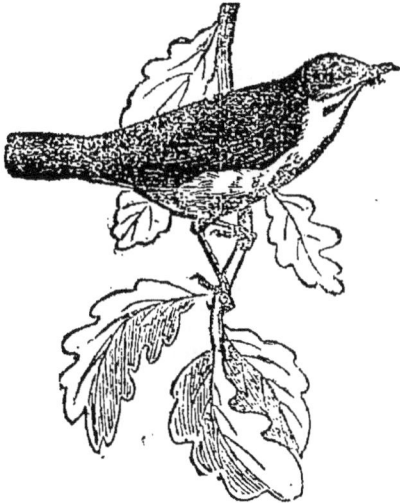

à sa queue, nuancées de brun plus ou moins roux, et la longueur de cette queue n'est que de cinq à six centimètres; son bec est tout au plus de dix à quinze millimètres de long, en forme d'alène; chaque pied a trois doigts en avant, et par derrière un quatrième dont l'ongle est courbé en arc.

On distingue le mâle de la femelle par son plumage, qui est d'un gris cendré.

Le rossignol ne vit point en société, de même que les autres oiseaux ; aussi ne place-t-il jamais son nid dans le voisinage d'un autre. Il est de sa nature craintif et sauvage, et ce n'est qu'avec peine qu'on peut l'apprivoiser. Cependant on parvient à le rendre familier. Il est jaloux de sa femelle, vorace, gourmand ; il cherche toujours un endroit à l'abri du vent du nord. C'est un oiseau de passage ; il ne paraît guère avant la mi-avril, et disparaît généralement à la fin d'octobre.

Quant à sa nourriture, lorsque cet oiseau est en liberté, comme il est naturellement vorace et carnassier, il se nourrit d'araignées, de cloportes, de mouches, d'œufs de fourmis, de vers et autres insectes, de figues et de baies de cornouiller. Il habite ordinairement les lieux frais et ombragés, tels que bosquets, treilles, haies vives ; il se garantit même par là du froid, qui lui est nuisible ; il n'habite que fort rarement sur les arbres élevés, si l'on excepte cependant le chêne. Une observation qu'on a encore faite à l'égard de l'habitation du rossignol, c'est qu'il choisit de préférence les endroits où se trouvent les échos, et que, pour chanter, il se place communément dans le lieu le plus convenable pour être entendu par sa femelle pendant qu'elle couve, et pour pouvoir veiller en même temps sur son nid ; mais il ne se tient pas néanmoins toujours dans la même place : il en adopte deux ou trois qui lui paraissent le plus avantageuses ; il s'y rend constamment pour récréer sa femelle par son chant, et pour faire en même temps sentinelle.

Rien n'est plus facile que de découvrir les nids de rossignols et d'en enlever les petits pour les élever dans les appartements. Comme le rossignol mâle ne s'éloigne jamais beaucoup de son nid, il ne s'agit que de se rendre le matin au lever du soleil, ou le soir à son coucher, à l'endroit où on l'a entendu chanter tous les jours précédents ; pourvu qu'on se tienne tranquille sans faire le moindre bruit, les allées et venues du mâle et de la femelle, et les cris des petits décèleront bien vite ce que l'on cherche ; mais on se gardera bien, si l'on veut élever les petits du rossignol, de les tirer hors du nid, ou du moins de les enlever avec leur nid avant qu'ils soient bien couverts de plumes. Après les avoir ainsi soustraits à leur père et mère, on les mettra, avec le nid ou de la mousse, dans un panier de paille ou d'osier muni de son couvercle, qu'on tiendra cependant un peu ouvert pour la communication de l'air, et on placera ce panier dans un endroit peu fréquenté. On leur préparera pour nourriture du cœur de mouton ou du veau cru ; on en enlèvera exactement les peaux, les nerfs et la graisse, et on le hachera fort menu ; on en formera des boulettes de la grosseur d'une plume à écrire, et on donnera aux petits rossignols deux ou trois de ces boulettes, huit ou dix fois par jour, en ayant soin de les faire boire chaque fois, à l'aide d'une petite éponge de coton fixée à l'extrémité d'un bâton. On pourrait aussi leur donner pour nourriture une préparation faite avec de la mie de pain, du chènevis broyé, et du bœuf bouilli et haché avec un peu de persil.

On continuera de mettre les petits dans un panier ouvert, jusqu'à ce qu'ils commencent à se bien tenir sur leurs pattes ; on les mettra alors dans une cage dont on garnira le fond de mousse nouvelle. Dès qu'ils pourront prendre la nourriture au bout du doigt et dès qu'on s'apercevra qu'ils peuvent manger seuls, on attachera à leur cage un morceau de cœur de bœuf préparé de la façon prescrite ci-dessus ; on mettra ensuite dans la cage une auge pleine d'eau, et on renouvellera cette eau une ou deux fois par jour, surtout pendant les grandes chaleurs de l'été ; on renouvellera aussi les aliments solides, qui pourraient très-

bien se corrompre en peu de temps dans cette saison. Quand les petits mangeront seuls, on mettra leur nourriture dans les augets de la cage ; on en garnira le fond d'une petite pierre carrée, pour que cette nourriture puisse s'y conserver sans se gâter ; on placera la pâte d'un côté et le cœur de l'autre.

On connaît le mâle de la nichée aux signes suivants : dès qu'il a mangé, il se perche et essaye de former des sons, du moins, on peut en juger par le mouvement de sa gorge. Il se tient assez longtemps ferme sur un seul pied, et, quelquefois, il voltige tout autour de sa cage avec une ardeur inquiète et une espèce de fureur.

Lorsqu'on veut apprendre à un jeune rossignol mâle des airs sifflés ou de flageolet, dès qu'il peut manger seul, on le met dans une cage couverte de serge verte ; on le place dans une chambre, éloignée non-seulement de tout oiseau étranger, mais encore des autres rossignols, pour qu'il ne puisse entendre aucun ramage. On met la cage les huit premiers jours à côté de la fenêtre ou à la clarté du plus grand jour de la chambre, après quoi on l'éloigne peu à peu jusqu'au fond de ladite chambre, et on l'y laisse tout le temps de la leçon.

L'instrument dont on se sert pour les instruire doit être plus moelleux et plus bas que celui du petit flageolet ordinaire ou des serinettes propres à siffler les serins de Canarie ou autres petits oiseaux. On se sert donc, à la place de ceux-ci, d'un gros flageolet fait en flûte à bec : son ton grave et plein convient mieux au gosier du rossignol.

Il faut profiter de son jeune âge pour l'instruire; autrement, on court risque de perdre son temps et ses peines. Mais il ne faut pas s'attendre que cet oiseau puisse répéter une partie des leçons qu'on lui a données, même après la mue ; il s'en est trouvé qui ne l'on fait qu'après

l'hiver ; aussi ne faut-il pas se rebuter lorsqu'on les siffle, s'ils ne profitent pas tout de suite.

Pline rapporte que les fils de l'empereur Claude avaient des rossignols qui parlaient très-bien le grec et le latin : tous les jours on les entendait dire quelque chose de nouveau. Pour parvenir à les faire parler, il faut, selon ce naturaliste, les instruire en secret, précisément dans un endroit où ces oiseaux ne puissent entendre d'autre voix que celle de la personne qui leur donne la leçon. Cette personne leur inculque assidûment ce qu'elle veut leur faire appendre ; elle les caresse même, à cet effet, en leur donnant quelques friandises.

Le rossignol entre en mue pour l'ordinaire en juillet et août. Après cette mue, c'est-à-dire sur la fin de septembre, on le place dans une chambre bien aérée, munie d'un poêle, pour y passer l'hiver, temps des plus critiques pour lui, car il périt ordinairement dans notre climat pendant cette triste saison. Les Allemands, par le moyen de leurs poêles chauds, parviennent à conserver les rossignols pendant quinze à seize ans ; ils ont le plaisir de les entendre chanter dès le commencement de décembre, et ces oiseaux y continuent presque toujours leur chant mélodieux jusqu'en juin, juillet et août ; mais on a soin, dans ce pays, de ne les point changer de place, ou le moins qu'il est possible. Pendant l'été, saison dans laquelle les œufs et les vers de fourmis sont très-communs, on peut en donner quelques-uns au rossignol : on le rend par là plus robuste ; on fait même très-bien d'en faire sécher pendant l'été pour lui en donner en hiver.

Une nourriture à laquelle on peut très-bien habituer les rossignols, est une pâte préparée avec une livre de rouelle de bœuf, quatre onces de pois de jardin ordinaires, pareille quantité de millet jaune, autant de semence de pavots

blancs ou noirs, ainsi que d'amandes douces, une once de farine de froment, une demi-livre de miel blanc, et du beurre frais de la grosseur d'un œuf de pigeon ; on fait pulvériser ensemble les pois, le millet et la semence de pavot, et on les tamise bien ; on hache encore très-menue la rouelle de bœuf, ou bien on la pile dans un mortier de marbre ou de pierre, après en avoir auparavant ôté les graisses et les membranes ; on réduit aussi en pâte les amandes douces, après les avoir dépouillées de leurs écorces, et, pour les empêcher de s'huiler pendant qu'on les pile, on y verse de temps en temps quelques gouttes d'eau ; on mêle ensuite le tout, excepté le beurre, qui sert à graisser le poêlon de terre qui doit servir à la cuisson de cette pâte ; on ajoute à tout cela six jaunes d'œufs frais ; on met le tout sur un petit feu, ayant bien soin de remuer sans discontinuer. Quand ce mélange est cuit, ce dont on s'aperçoit lorsque la viande n'a plus d'humidité, qu'elle est bien desséchée et que le tout peut se réduire en poudre, on l'ôte de dessus le feu, et, après l'avoir fait refroidir, on la garde dans un pot de terre ou de faïence bien bouché. Avec un tiers de cette pâte en poudre, autant de viande bouillie, et pareille quantité de mie de pain, on en fait une autre pâte que l'on rend liquide en y ajoutant de l'eau. Au moyen de cette nourriture, dont les rossignols sont fort friands, on les déshabitue insensiblement de boire de l'eau ; pendant l'été, on pourra ajouter à cette pâte un huitième d'œufs de fourmis, les rossignols en chanteront beaucoup mieux ; on leur renouvelle journellement cette nourriture, et on nettoie très-proprement leur mangeoire.

On peut encore nourrir un rossignol en cage, tant en hiver qu'en été, avec une pâte composée de 187 grammes 50 de pois chiches, 187 grammes 50 d'amandes douces,

124 grammes de beurre frais, trois jaunes d'œufs, 94 grammes de miel et 4 grammes de safran.

En Gascogne, on engraisse les rossignols pour en faire un mets exquis; lorsque cet oiseau est gras, il a la chair blanche, tendre et aussi agréable à manger que celle de l'ortolan; ses vertus et ses propriétés sont les mêmes que celles du bec-figue.

Si nous nous sommes un peu étendu sur l'éducation de ce charmant oiseau, c'est que beaucoup d'autres exigent, non-seulement une éducation identique, mais encore une nourriture semblable. Tous les oiseaux exotiques, par exemple, peuvent être élevés avec les soins que réclame ce délicat et admirable chanteur.

LE ROUGE-GORGE.

La vivacité de ce petit oiseau le fait rechercher surtout dans les volières qui ont quelque importance. Tout d'abord son plumage n'offre rien de particulier, mais aussitôt sa première mue, ses plumes se colorent de jolies nuances, d'un reflet très-agréable; elles se dessinent particulièrement sur la poitrine en un large plastron d'un rouge ardent. La femelle est un peu plus petite que le mâle et ses teintes rouges plus pâles.

Le chant du rouge-gorge qui se fait entendre en automne et aux approches de l'hiver, est très-harmonieux; il est d'autant plus agréable qu'il est mélodieusement cadencé; c'est à cette époque que le chasseur tend ses filets, qu'il doit avoir soin de garnir de quelques baies de sureau, car l'oiseau en est très-friand. Pas moins il est réellement insectivore, c'est-à-dire qu'il se nourrit d'insectes de toutes espèces et surtout d'œufs de fourmis; aussi est-il d'une grande utilité à l'agriculture, qui devrait non le chasser, mais bien plutôt l'attirer, comme un oiseau qui coopère largement à la destruction des insectes nuisibles.

Les rouges-gorges font leurs nids dans les arbres creux, et quand on veut les prendre dans cette retraite, il faut ne les en

tirer que quand ils ont toutes leurs plumes; puis on les soumet à la nourriture du rossignol, nourriture dont ils s'accommodent fort bien.

La baignoire est de première nécessité, car cet oiseau aime à se baigner souvent.

Le rouge-gorge fait partie de la section des becs fins, à laquelle appartient du reste le rossignol; son corps est svelte, sa queue longue, large et horizontale, son bec droit et grêle est légèrement comprimé à la pointe, ses pieds ont trois doigts en avant et un doigt en arrière articulé sur le même plan.

Cet oiseau s'apprivoise facilement, il s'habitue à manger dans la main, on parvient même à le soumettre au commandement.

LE ROUGE-QUEUE.

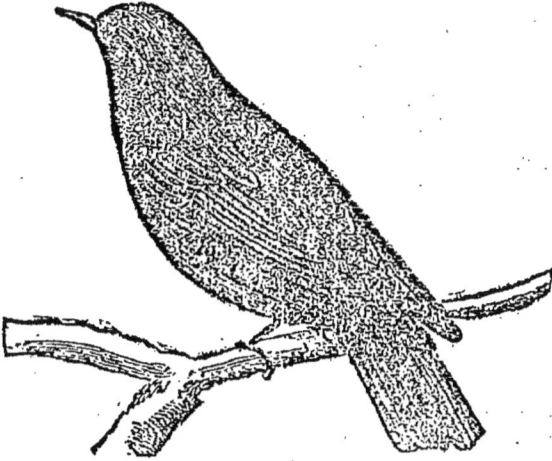

Oiseau de passage qui habite les forêts. Le devant et les deux côtés du cou, jusqu'au-dessus des yeux, sont noirs; le dessus de la tête, le derrière du cou et le dessus du corps

sont gris-bleu foncé; la sous-gorge, les deux côtés de l'extrémité du corps sont d'un beau rouge orangé qui se prolonge sur toutes les plumes de la queue, et se mélangent à celles du milieu, qui sont brunes; le front et le sommet de la tête sont blancs; les yeux, le bec et les pattes, noires.

Le rouge-queue fait son nid dans les vieux murs; en liberté, il se nourrit d'insectes et de grains. Quand on a pris des petits, on commence par les nourrir avec des œufs de fourmis et du pain trempé dans l'eau, et ensuite on les met au régime des *rossignols*.

LE SANSONNET OU ÉTOURNEAU.

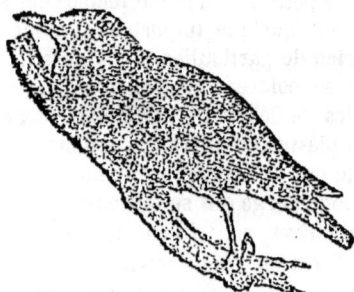

Oiseau docile et fin, il apprend facilement des airs et accentue des paroles. En cela, il est supérieur au *bouvreuil;* malheureusement il oublie très-vite ce qu'il apprend. Il est enclin à mêler un air à un autre. Pour bien le dresser, il faut l'isoler des autres oiseaux. — Le bleu, le jaune, le

pourpre et le vert se marient agréablement dans son plumage.

L'étourneau fait son nid dans le creux des arbres et des rochers.

Quand on prend les petits au nid, on les nourrit de pain trempé dans du lait, et, plus tard, de viande, de pain dur, de fromage, de vers, en évitant que cette nourriture ne s'aigrisse pas.

L'étourneau aime le bain : sa cage doit avoir environ 70 centimètres de longueur, et 50 de hauteur et de largeur, car cet oiseau aime l'espace.

LE SÉNÉGALI.

Une des plus jolies miniatures de nos volières est bien certainement le *sénégali*, qui, avec le bengali, forment la masse fourmillante de nos plus charmantes cages. Qui de nous ne s'est pas arrêté avec intérêt à la porte d'un oiseleur parisien pour y admirer ces innombrables petits oiseaux cuivrés, dorés, noirs, bruns, etc., etc., qui, alignés sur la même baguette du perchoir, semblent se presser les uns contre les autres pour y concentrer la masse de chaleur qui leur est nécessaire. Lorsque le perchoir est plein, les retardataires ne s'en inquiètent pas, et on les voit alors se poser tranquillement sur le dos de celui qui se trouve à leur portée. De telle sorte que les épaules du premier venu peuvent se transformer à chaque instant en un perchoir vivant, sans que celui à qui incombe le poids s'en formalise.

Il existe plus de cinquante variétés de sénégalis. Généralement, ils ont les ailes noires, la queue olive et la gorge noire. Leur chant est très-agréable. Le mois de mai est le meilleur moment pour l'accouplement. La ponte est de cinq

à six œufs, qui éclosent au bout de quinze jours d'incubation.

Le sentiment de sociabilité est poussé à un tel point chez
cette espèce d'oiseau, que chez eux tout semble commun :
les femelles, par exemple, couvent indifféremment dans le
même nid, elles alimentent sans distinction tous les petits
de la tribu. Les sénégalis originaires du Sénégal muent au
mois d'août. Leur nourriture est la même que celle des
serins.

LES SERINS DE CANARIE.

On ne compte pas moins de vingt-neuf variétés de serins,
dont les noms diffèrent suivant les couleurs :

1° Le *serin gris commun*; 2° le *serin gris au duvet et aux
pattes blancs,* auquel on donne le nom de race de panachés; 3° le *serin gris à queue blanche,* race de panachés;
4° le *serin blond commun;* 5° le *serin blond aux yeux rouges;* 6° le *serin blond doré;* 7° le *serin blond aux duvets,*
race de panachés; 8° le *serin blond à queue blanche,* race
de panachés; 9° le *serin jaune commun;* 10° le *serin jaune
aux duvets,* race de panachés; 11° le *serin jaune à queue
blanche,* race de panachés; 12° le *serin agate commun;*
13° le *serin agate aux yeux rouges;* 14° le *serin agate à
queue blanche,* race de panachés; 15° le *serin agate aux duvets,* race de panachés; 16° le *serin isabelle commun;* 17° le
serin isabelle aux yeux rouges; 18° le *serin isabelle doré;*
19° le *serin isabelle aux duvets,* race de panachés; 20° le
serin blanc aux yeux rouges; 21° le *serin panaché commun;*
22° le *serin panaché aux yeux rouges;* 23° le *serin panaché de blond;* 24° le *serin panaché de blond aux yeux rouges;* 25° le *serin panaché de noir;* 26° le *serin panaché de
noir jonquille aux yeux rouges;* 27° le *serin panaché de*

noir jonquillé et régulier ; 28° le *serin plein,* qui est plus rare ; 29° enfin, le *serin à huppe.*

Le serin l'emporte sur tous les oiseaux par la douceur et la mélodie de son gazouillement, par la beauté et la richesse de son plumage, par la douceur de son caractère, par la facilité avec laquelle il se laisse apprivoiser et apprendre à chanter et à siffler. Le serin pond cinq à six œufs d'une couvée ; c'est la femelle qui est chargée de la couvaison, et, quand le mâle est bon, il a soin de lui porter à manger, ce qui n'arrive pas toujours. Faute de bons procédés de la part du mâle, la femelle est obligée de quitter son nid de temps à autre, pour prendre de la nourriture. Dans tous les pays de l'Europe on élève des serins; on les fait non-seulement couver ensemble dans des volières, mais on les accouple encore avec d'autres oiseaux d'un genre analogue, et on en obtient une espèce bâtarde qu'on nomme mulet. Les mulets ont, pour l'ordinaire, la tête et la queue semblables à celles du père, mais ils sont tous inférieurs, comme provenant de genres différents. On les apparie pour l'ordinaire avec le bruant, le pinson, la linotte et, spécialement, le chardonneret.

On rencontre, chez les faiseurs de vergettes, un chiendent qui leur est tout à fait propre pour la préparation de leurs nids; à cet effet, on prend le plus délié, on le secoue bien pour en faire sortir la poussière, et quand on veut encore mieux faire, on le lave et on le fait sécher au soleil, après quoi on le coupe et on l'éparpille dans la cabane : ce chiendent peut suffire seul pour faire le nid. On donne aux serins, pour poser leurs nids, des petits paniers d'osier, des espèces de sabots et des vaisseaux de terre; les petits paniers sont préférables. On ne leur présente d'abord qu'un panier à la fois, pour que ces oiseaux ne s'avisent pas de porter leurs matériaux de construction tantôt dans un pa-

nier, tantôt dans un autre. Douze jours après que les petits sont éclos, on peut leur en donner un second, qu'on place de l'autre côté; on les voit alors s'empresser de recommencer un second nid, quoiqu'ils nourrissent encore leurs petits.

Quand les serins sont accouplés et mis en cabane, on leur donne des graines ordinaires, un petit morceau d'échaudé ou *colifichet*, ou de biscuit dur, surtout lorsqu'on s'aperçoit que la femelle est prête à pondre; on leur donne encore, pendant les huit jours qu'ils sont en cabane, beaucoup de laitue : cela les purge. Le temps le plus difficile pour gouverner les serins, c'est lorsqu'ils sont petits. La veille que les petits doivent éclore, qui est le treizième jour depuis que la femelle couve, on change le sable fin et tamisé qu'on a eu la précaution de mettre dans leur cabane dès l'instant même où on les y a fait entrer; on nettoie tous les bâtons, on remplit l'auget de graine, après avoir ôté celle qui y était; on leur met aussi de l'eau fraîche dans leur plomb bien net, afin de ne les point tourmenter pendant les premiers jours qui suivent la naissance des petits; on leur donne aussi une moitié d'échaudé, après en avoir ôté la croûte de dessus, et un petit biscuit, qui seront l'un et l'autre bien durs, parce que, s'ils étaient tendres, ces oiseaux en mangeraient beaucoup, et buvant ensuite par dessus, ils étoufferaient. Tant que cet échaudé et ce biscuit dure, on ne leur en donne point d'autre. Mais pour ce qui concerne la nourriture suivante, on fera bien de la leur renouveler deux ou trois fois par jour pendant les grandes chaleurs : cette nourriture consiste uniquement dans un quartier d'œuf dur, blanc et jaune, haché fort menu, et dans un morceau d'échaudé trempé dans l'eau; on presse le tout dans sa main et on le pose dans une petite sucrière. On met dans une autre de la graine ordinaire,

qu'on a trempée environ deux heures auparavant, on
en jette l'eau, ou, pour mieux faire encore, on donne à
cette graine un bouillon; on la rince ensuite dans une
eau fraîche, pour lui ôter toute sa force et son âcreté. On
leur donne en outre de la verdure, mais en petite quantité, telle que du mouron, du seneçon, et, à défaut de ces
plantes, un cœur de laitue pommée, un peu de chicorée et
un peu de plantain bien mûr. On leur présente de la nouvelle nourriture trois fois par jour, le matin à cinq ou six
heures, à midi et vers les cinq heures du soir, et on leur
ôte l'ancienne, de peur qu'elle ne soit aigrie. On peut
aussi leur donner de la graine d'œillette ou de pavot, de
laitue et d'argentine, qu'on mêle bien ensemble dans un
petit pot : la verdure ne se donne qu'avec beaucoup de
précaution; on fera très-bien de mettre un petit morceau
de réglisse dans leur boisson; cela est préférable au sucre.
Pendant les grandes chaleurs, on n'oubliera pas de leur
donner de l'eau fraîche dans une petite cuvette pour se
baigner; cela leur est très-salutaire.

Souvent on est obligé de nourrir les petits serins à la brochette, soit à cause de la maladie de la femelle, soit pour
d'autres raisons; surtout quand on veut leur apprendre
des airs de serinette ou de flageolet. Si c'est pour leur apprendre des airs, il faut qu'ils soient assez forts pour les ôter
de dessous la mère, sans néanmoins qu'ils aient acquis trop
de développement : on ne les sèvrera donc, quand ils sont
d'une race délicate, qu'au quatorzième jour, et au douzième
jour s'ils sont robustes. On leur préparera pour nourriture
une pâte ainsi composée :

On prend un morceau d'échaudé dont la croûte est ôtée,
à cause de son amertume, on y ajoute un très-petit morceau de biscuit : ils doivent être l'un et l'autre très-durs;
on les réduit en poudre; on y met ensuite une moitié ou

plus, s'il est besoin, de jaune d'œuf, que l'on détrempe avec
un peu d'eau, le tout bien délayé, en sorte qu'il ne s'y
trouve aucun grumeau ; on aura soin que la pâte ne soit
pas trop liquide : quand l'œuf dur est frais, le blanc peut
aussi bien se délayer que le jaune.

Après que les trois premiers jours sont écoulés, on ajoute
à ce composé une pincée de navette bouillie, sans être écra-
sée. On leur donne aussi de temps en temps une amande
douce pelée et bien pilée, qu'on confond avec leur pâte ;
quelquefois aussi, lorsqu'on s'aperçoit que les petits sont
échauffés, on leur met une petite pincée de graine de
mouron, la plus mûre que l'on puisse trouver. On fera ce
composé deux fois par jour dans les grandes chaleurs, de
peur qu'il ne s'aigrisse. Si les petits serins deviennent malades pendant qu'on les élève ainsi, on prend une poignée de chènevis, on le lave dans de l'eau de fontaine, et
après l'avoir écrasé avec un pilon de bois dans une seconde
eau, on l'exprime fortement dans un linge blanc, et on
se sert de cette eau, qu'on appelle lait de chènevis, pour
dulcifier le composé ci-dessus indiqué. On peut jeter aussi
de temps en temps aux serins de la mie de pain dans leurs
volières, pourvu qu'elle ne soit pas trop tendre.

Mais ce n'est pas assez de savoir faire la pâtée aux serins,
il faut encore savoir leur refuser et leur donner la nourriture à propos. Voici donc les règles qu'on suivra : on leur
donnera, pour la première fois, un repas à six heures et demie
du matin au plus tard ; pour la seconde fois, à huit heures ;
la troisième, à neuf heures et demie ; la quatrième, à onze
heures ; la cinquième, à midi et demi ; la sixième, à deux
heures ; la septième, à trois heures et demie ; la huitième,
à cinq heures ; la neuvième, à six heures et demie ; la
dixième, à huit heures ; la onzième et dernière fois, à huit
heures trois quarts.

On leur donne cette becquée avec une petite brochette de
bois bien unie et bien mince par le bout; il faut qu'elle
soit de la largeur du petit doigt : les plumes taillées exprès
ne sont pas, à beaucoup près, aussi commodes. On donnera
aux petits serins, à chaque fois, quatre ou cinq becquées,
en sorte que leur jabot ne soit pas trop bouffi, car on risquerait de les étouffer.

A vingt-quatre ou vingt-cinq jours, on cessera de leur
donner la becquée, surtout lorsqu'on les verra éplucher assez bien ; pour les serins jonquilles et agates, on continuera
de le faire jusqu'à trente jours; on les met, quand ils commencent à manger seuls, dans une cage sans bâton; on
aura un peu de petit foin ou mousse bien sèche au bas de
la cage, et on leur donnera pour nourriture, pendant le
premier mois qu'ils mangent seuls, du chènevis écrasé, du
jaune d'œuf dur, de l'échaudé ou biscuit sec ou râpé, un
peu de mouron bien mûr, et de l'eau dans laquelle il y aura
un peu de réglisse. On placera tout cela au milieu de la
cage; on mettra aussi de la navette sèche dans leur man-
geaille. Le serin mâle se distingue de la femelle, non-seulement par la vivacité de ses couleurs et par la grosseur de sa
tête, mais surtout par la hauteur des pattes et l'éclat de
son chant, qu'il fait entendre énergique et puissant aussitôt
après sa première mue.

Le serin vieux a la couleur bien plus foncée et plus vive
dans son espèce que le jeune ; ses pattes sont rudes et tirant
sur le noir, surtout s'il est gris; d'ailleurs, il a les ergots
plus gros et plus longs que les jeunes. Les serins d'un cer-
tain âge, après avoir passé deux mues, sont aussi plus forts,
plus vigoureux et en meilleure chair que les jeunes; leur
chant est aussi plus fort et dure plus longtemps.

Lorsqu'on veut instruire un serin au flageolet, on le met
dans une cage séparée, huit ou quinze jours après qu'il

mange seul; si, après ce laps de temps, il commence à ga-
zouiller, ce qui prouve que c'est un mâle, on le met dans
une cage couverte d'une toile fort claire pendant les huit
premiers jours, et on le place dans une chambre éloignée
de tout autre oiseau, de sorte qu'il ne puisse entendre aucun ramage; après quoi on joue d'un petit flageolet dont
les sons ne sont pas trop élevés. Ces quinze jours écoulés,
on change cette toile claire pour y substituer une serge
verte ou rouge bien épaisse, et on laisse l'oiseau dans cette
position jusqu'à ce qu'il sache parfaitement son air. Lorsqu'on lui donne de la nourriture, dont il doit avoir une pro-
vision au moins pour deux jours, il ne faut la lui donner
que le soir et non pendant le jour, pour qu'il ne se dissipe
pas et qu'il apprenne plus vite ce qu'on lui enseigne. A
l'égard des airs, on ne leur apprendra qu'un beau prélude,
avec un air choisi seulement, car ils peuvent oublier facilement un trop grand nombre d'airs ou des airs trop longs;
à défaut de flageolet, on se sert de serinette pour les instruire. Ces oiseaux n'apprennent pas tous aussi aisément :
les uns se déclarent au bout de deux mois, et à d'autres il
en faut six; cela dépend des différents tempéraments et in-
clinations des oiseaux.

LE TROUPIALE

Cet oiseau, qui s'est parfaitement acclimaté dans nos volières, est très-gracieux, son chant est agréable, et on lui
apprend assez facilement à seriner des airs.

Le plumage du troupiale est d'un noir brillant à reflet,
sa queue est susceptible de prendre toutes sortes de formes,
par la direction que l'oiseau donne à volonté aux plumes
latérales.

LA TOURTERELLE.

Ce que nous avons dit du pigeon s'applique aussi à la

tourterelle; seulement, nous ajouterons que cet oiseau est plus gracieux encore.

La tourterelle des bois ressemble à la tourterelle privée; néanmoins, elle est un peu plus petite et son plumage est plus varié. Elle s'apprivoise facilement. Elle aime plus qu'aucun autre oiseau la fraîcheur en été, la chaleur en hiver; elle arrive dans notre climat fort tard au printemps et le quitte vers la fin d'août. Toutes les tourterelles, sans exception, se réunissent en troupes, partent, arrivent et voyagent ensemble; elles ne séjournent que quatre ou cinq mois; pendant ce temps elles s'apparient, nichent, pondent et élèvent leurs petits au point de pouvoir les emmener avec elles. Elles placent leur nid, qui est presque plat, sur les plus hauts arbres et dans les endroits les plus sombres.

Il existe deux variétés de la tourterelle; la première est la tourterelle commune, et la seconde s'appelle la tourterelle à collier : toutes deux se trouvent dans notre climat.

Nous engageons les amateurs de ces oiseaux à leur donner fréquemment des graines de pin maritime; c'est un sûr moyen de les conserver en bonne santé.

LE VANNEAU

Le vanneau est un oiseau de passage qui se prend à la nappe, accompagnée d'un appelant. Nous avons connu une personne, dans le Loir-et-Cher, qui, lors de la passe, en prenait par cette méthode 30 à 50 par soirée.

Le vanneau, à qui on a lié les ailes et ôté les grandes plumes, peut être placé avec fruit dans un jardin, car il y détruit parfaitement les vers, les chenilles, les fourmis et autres insectes nuisibles; à cet égard, c'est un volatile dont l'utilité ne peut être contestée, et dont la chair n'est pas à dédaigner.

LE VERDIER

Petit oiseau à gros bec du genre des moineaux. Le verdier commun, ou le *chloris* d'Aristote, est d'une couleur verte qui tire sur le jaune : il a la gorge jaune, le ventre pâle, le devant de la tête jaune avec une ligne noire de chaque côté ; le dos ressemble à celui de la linotte ; le plumage du croupion est fauve ; les ailes ressemblent à celles de l'alouette huppée, dont il a la grosseur ; les deux plumes des bords de la queue sont blanches. Le *verdier* de haie est un peu plus petit que le précédent et moins jaune, excepté sous le ventre, mais ses mœurs sont les mêmes.

Le verdier est essentiellement granivore, c'est-à-dire qu'il se nourrit de grains. Il appartient, comme le moineau domestique, à la section des gros-bec *(Fringilla)*, aussi le bec du verdier est-il court, fort, droit et conique en tous sens ; ses narines sont cachées par les plumes du front. On rencontre généralement cet oiseau dans les pays tempérés et même dans le midi de l'Europe, il se réunit et voyage par troupes et cette sociabilité de l'espèce réagit sans doute sur la facilité avec laquelle il se familiarise dans la volière.

Quoique granivores, les verdiers ne recherchent particulièrement que les graines peu volumineuses des plantes sauvages, aussi sont-ils peu redoutables aux cultures, ce qui le prouve du reste, c'est qu'ils s'accommodent parfaitement de la nourriture des serins.

LA VEUVE

Cette espèce est excessivement jolie ; la couleur noire et veloutée de son plumage, sa tête rouge ou jaune, et surtout sa longue queue, terminée par deux belles plumes, en font un oiseau rare; seulement, ces deux plumes ne sont que l'apanage du mâle, la femelle en est dépourvue.

La voix de la veuve est très-agréable; elle mue pendant l'hiver, et, à cette époque, elle perd ses belles plumes, qui font son principal ornement, pour ne les reconquérir qu'au printemps suivant.

Cet oiseau est essentiellement granivore.

CHAPITRE IV

Des Mammifères ou Animaux domestiques.

LE CHIEN

Il existe différentes races de chiens, que nous diviserons en chiens utiles et en chiens de compagnie.

Les chiens utiles comprennent : les chiens de garde, de chasse et de berger; ils n'ont aucun rapport avec le sujet qui nous occupe.

Quant aux chiens de compagnie ou chiens d'agrément, nous croyons devoir entrer à leur égard dans quelques considérations spéciales qui trouveront nécessairement leur place dans le plan que nous nous sommes tracé.

Parmi les espèces qui appartiennent à cette catégorie, nous citerons : le *barbet*, le *king's-charles*, le *carlin*, l'*épagneul*, le *griffon*, le *lévrier* et le *chien-loup*; les autres rentrent dans la section des races utiles.

Le *barbet*, connu aussi sous le nom de caniche, est une race qui tend tous les jours à disparaître. C'est peut-être l'animal le plus intelligent de la race canine : il est doué d'un odorat extraordinaire, d'une mémoire merveilleuse; aussi retrouve-t-il partout la trace de son maître et jusqu'aux objets qui lui ont appartenu.

Voici un exemple de la perspicacité de cette espèce, que

nous empruntons à l'ouvrage intitulé *De l'Instinct des ani-maux*, de Bory de Saint-Vincent.

« A la porte de l'hôtel du Nivernais, vivait un petit décrotteur, maître d'un grand barbet noir dont le talent particulier était de lui procurer de l'ouvrage.

« Il allait tremper dans le ruisseau ses grosses pattes velues, et venait les porter sur les souliers du premier passant.

« Le décrotteur, empressé de réparer le délit, présentait la sellette.

« Tant qu'il était occupé, le chien s'asseyait paisiblement à côté de lui : il aurait été inutile d'aller crotter un autre passant; mais dès que la sellette était libre, ce petit jeu recommençait.

« Un riche Anglais, victime plusieurs fois de la sagacité du chien, demande un jour à voir le maître et le chien, on les fait monter ; l'Anglais se passionne pour l'animal, en offre dix louis, quinze louis. Les quinze louis tentent l'enfant; le chien est vendu, livré, enchaîné, mis le lendemain dans une chaise de poste, embarqué à Calais et il arrive à Londres.

« Son maître le pleurait avec une tendresse mêlée de quelques remords.

« Joie inespérée ! Le quinzième jour, le chien arrive à la porte de l'hôtel du Nivernais, plus crotté que jamais et crottant mieux ses pratiques.

« Obligé de descendre plusieurs fois pendant la route, il avait observé qu'on s'éloignait de Paris dans une voiture, en suivant une certaine direction; qu'on s'embarquait ensuite sur un paquebot, et qu'une troisième voiture menait de Douvres à Londres.

« La plupart de ces voitures étaient des chaises de renvoi. Le chien, retourné de chez son acquéreur au bureau du départ, en avait suivi une, peut-être la même, qui prenait en effet en sens opposé la route par laquelle elle était venue. Elle l'avait conduit à Douvres. Il avait attendu le même paquebot sur lequel il avait déjà passé, et, descendu à Calais, il avait suivi pareillement la même voiture qui l'avait amené. Toutes ces promenades précédentes lui avaient donné la théorie : qu'après avoir bien marché pour aller quelque part, il fallait retourner sur ses pas pour revenir au gîte, et le gîte était à côté de son jeune maître. »

Le *king's-charles*. C'est en mémoire du roi Charles Ier d'Angleterre que cette race a reçu son nom.

Le king's-charles ressemble beaucoup à l'épagneul ; mais il est plus petit, plus délicat, plus menu, et d'un prix très-élevé ; comme le carlin, il est de triste compagnie.

Le *carlin*, comme le barbet, a fait autrefois fureur ; il semble aujourd'hui disparaître. C'est le plus stupide animal que l'on connaisse : aboyant après les mollets, même de ceux qui n'ont pas l'avantage d'en posséder, il n'a aucun attachement, et il exhale, pour surcroît, une odeur nauséabonde.

Voici, au sujet du carlin et du kings-charles, comment s'exprime M. Toussenel, le spirituel auteur des *Juifs, rois de l'époque*, et de *l'Esprit des bêtes* :

« Le carlin a vécu, Dieu fasse paix à sa cendre !

« Cependant, la femme riche qui a besoin d'être aimée et surtout d'épancher ses sentiments par la parole dans le sein d'un ami, la femme riche ne pouvait se résigner à vivre silencieuse et solitaire dans cette captivité dorée où la retient la tyrannie de l'homme. Le carlin n'étant plus, elle a choisi pour compagnon de chaîne le king's-charles, un épagneul lilliputien à la robe lustrée et soyeuse, et dont la figure spirituelle et mouchetée de feu s'encadre délicieusement dans deux rouleaux d'anglaises-qui retombent jusqu'à terre et figurent des oreilles. Ce qui est triste à penser, c'est qu'un aussi délicieux bichon ait consenti à venir au monde en Angleterre, même en un palais de roi. »

L'*épagneul*. Cette race est sans contredit une des plus belles, non seulement au point de vue de la forme, mais encore au point de vue de son utilité : aussi appartient-il aux deux classes d'emploi.

L'épagneul devient un excellent chien de chasse; il va à l'eau comme une loutre, il est d'excellente garde, et d'une intelligence qui le rapproche du barbet. Son poil est long, ses oreilles pendantes, sa queue relevée.

Les petites espèces sont presque aussi jolies que les king's-charles; elles ont l'avantage d'être attachées à leur maître, et d'être d'une intelligence qui se révèle à tous les instants.

Nous nous rappelons avoir connu un bel épagneul qui appartenait au capitaine L..., en garnison à Madrid. Il vint à Paris en 1836, et il fit cadeau de son chien à une personne qu'il affectionnait beaucoup. L'animal fut mis à l'attache, et ne fut déchaîné que quinze jours après le départ du capitaine. Le chien partit aussitôt, et quatre jours après il était à Madrid. Les neiges des Pyrénées n'avaient pu refroidir l'affection qu'il portait à son premier maître.

Le *griffon* ressemble au barbet, c'est dire qu'il n'est pas de la première beauté; il est de bonne garde, et devient un intrépide chasseur lorsqu'il tombe en bonne main. Cette race devient de plus en plus rare, et finira par disparaître.

Le *lévrier*. Le lévrier est plutôt un chien de chasse qu'un chien d'agrément; on en élève cependant, dans les appartements, une petite espèce fort jolie.

La proportion démesurée des jambes du lévrier en fait un excellent coureur; seulement, et en revanche, il a peu d'odorat, et son attachement pour son maître est très-limité.

Il se distingue par son pelage ras, par son museau pointu et son cou effilé.

Sa propreté et sa grâce en ont fait un chien de salon; mais, dans ce cas, il n'est utile à rien, pas même à garder la porte, car il n'a pas de voix.

Le *chien-loup*. Comme chien de compagnie, le chien-loup, malgré son caractère hargneux, est un très-bon animal, rempli d'affection et de fidélité. Son principal mérite est d'être d'excellente garde.

Les chiens réclament surtout, dans leur jeunesse, des soins assidus. Quelques jours après leur naissance, ils ont besoin d'être purgés, soit avec de la mauve, soit avec une cuillerée de sirop de nerprun, ou, mieux encore, avec quelques pincées de sel gris. A six semaines, ils peuvent être sevrés. Le pain trempé dans du lait est alors leur meilleure nourriture; ce n'est qu'à quatre ou cinq mois qu'on peut leur donner des viandes cuites, mais il faut avoir le soin d'en être très-économe, surtout si l'on veut éviter les effets de la maladie, qui ne manque pas, dès la première année, d'attaquer toute l'espèce canine, comme, chez l'homme, la rougeole frappe indistinctement tous les enfants.

Quelques espèces doivent avoir la queue coupée; on assure même que c'est un moyen de prévenir la maladie. A cet effet, on fait rougir une pelle de fer, et, avec son tranchant, on coupe un ou deux anneaux de la queue. Quelques personnes sectionnent la queue à l'aide de forts ciseaux, et cicatrisent ensuite la plaie au fer rouge.

Les chiens barbets, épagneuls, griffons et chiens-loup se tondent, mais ils ne peuvent bien supporter cette opération qu'après que la maladie est passée. C'est, dans tous les cas, une mesure de propreté que nous conseillons d'observer.

LE CHAT

Du chat sauvage sont nés le chat domestique et le chat angora. Le type primitif, que nous avons fréquemment rencontré en Afrique, a l'aspect féroce ; son cou, démesurément long, le rend disgracieux, et ses instincts sont des plus carnassiers.

Voici comment s'exprime M. Toussenel à l'égard du chat domestique :

« Le chat de Paris n'a pas une physionomie qui lui soit propre, un vice ou une qualité qui le caractérise : c'est le chat de tous les pays ; seulement, comme il a ici plus de loisirs encore et de bien-être qu'ailleurs, il y est plus paresseux, plus charmant et plus joueur ; il y donne aussi plus de temps à sa toilette. On emploie avec succès le chat de Paris comme décoration de comptoir dans une foule d'établissements publics, concurremment avec les cheveux blonds et les yeux bleus des vierges de la Lorraine ou du pays de Caux. Cuit avec des oignons, de la farine et du lard rance, il remplace avantageusement le lapin dans la gibelotte des tapis-francs. »

Le chat a la propreté innée : après chaque repas, il lèche et lustre sa robe à l'aide de sa langue ; il recouvre avec soin ses excréments. L'urine du mâle exhale cependant une odeur très-désagréable.

C'est vers le quinzième mois que le chat a acquis toutes ses proportions ; il vit une douzaine d'années environ ; mais, dans sa vieillesse, il est presque toujours malade. La femelle met bas ordinairement au printemps et à l'automne ; elle porte cinquante-cinq jours, chaque portée se compose de quatre à cinq petits.

La nourriture des chats consiste en mou cru, en foie bouilli et en soupe ; ils sont, à tout âge, très-friands de laitage.

Malgré la sauvagerie et l'indifférence du chat, il n'en est pas moins susceptible de grands sacrifices à l'égard de sa progéniture. Le fait suivant nous servira d'exemple :

Deux chattes, la mère et la fille, étaient en gésine : la

plus jeune, n'étant encore qu'à sa première portée, eut un accouchement très-pénible. Elle perdit connaissance à la sortie du dernier petit, encore non dégagé du cordon ombilical. La mère tournait autour d'elle, essayant de la soulager, et lui prodiguant les mots de tendresse qui, chez elles, sont très-multipliés des mères aux enfants. A la fin, voyant l'inutilité de ses soins, elle s'occupe, en digne grand'mère, des petits qui rampaient sur le parquet, coupe le cordon ombilical du dernier, les nettoie, les porte tous, les uns après les autres, au lit de ses propres enfants, pour leur faire partager son lait. Une heure après, la jeune chatte reprend ses sens, cherche ses petits, les trouve tetant sa mère : grande joie des deux parts et caresses mutuelles. La mère et la fille ne se quittèrent plus, s'établirent dans le même panier, et nourrirent, caressèrent, gardèrent indistinctement les sept petits, dont trois étaient à la fille et quatre à la mère.

Le chat d'Angora se distingue du chat domestique par des mœurs plus douces et par plus d'indolence. Sa robe est ordinairement blanche et garnie d'un poil très-long et excessivement soyeux.

L'ÉCUREUIL

L'écureuil, quoique ne faisant pas partie des animaux domestiques, ne doit pas moins trouver sa place ici. Sa grâce, sa gentillesse, son pelage, son fin museau, la vivacité de ses petits yeux en ont fait un hôte d'appartement et de fenêtre qui vient égayer l'horizon restreint de l'intérieur.

L'écureuil est indigène : il habite nos bois, et particulièrement nos forêts d'arbres verts, où il trouve une nourriture abondante dans les graines qui garnissent les cônes de la famille des conifères.

On vend des écureuils chez la plupart des oiseliers. Ils

sont renfermés dans des cages à deux compartiments, dont l'un est fixe et l'autre mobile. Ce dernier tourne sur un axe central, de telle sorte que, si l'animal y pénètre, cette cage, circulaire et cylindrique, se met à tourner, et accomplit une quantité considérable de tours, au fur et à mesure que l'écureuil se déplace. Ce jeu dure parfois une heure, et le malheureux captif, sans bouger de place, fait alors un chemin considérable.

En captivité, l'écureuil se reproduit difficilement. Ami de la propreté, il est nécessaire que sa cage soit nettoyée tous les jours. On le nourrit de fruits, de noisettes, de noix, qu'il dévore avec une grâce et une gentillesse qui captivent l'attention des enfants et celle des grandes personnes.

La partie la plus sensible de l'écureuil est le nez ; le moindre coup, le plus petit choc occasionne promptement sa mort.

LE SINGE.

Nous parlons ici du singe, parce que quelques amateurs en possèdent, et que le programme que nous nous sommes posé doit comprendre tous les animaux qui font partie de la ménagerie domestique.

Le singe le plus généralement élevé est le *sapajou*. Il est très-doux, obéit parfaitement, surtout à celui qui a l'habitude de lui commander et de lui distribuer sa nourriture.

Vient après le *ouistiti*, très-jolie espèce à tête ronde, à visage plat et à narines latérales.

Les autres espèces ne sont guère élevées que dans les colonies. Parmi elles, nous citerons les *guenons*, l'*orang-outang* et le *chimpansé*. Ce dernier est l'individu le plus grand ; il marche droit, s'assied à table, et rend même quelques services lorsqu'il est à l'état complet de domesticité.

On nourrit les singes de fruits; ils réclament seulement des soins assidus, surtout au point de vue de la propreté. Le peignage et le brossage sont surtout deux opérations essentielles de l'éducation privée des singes.

CHAPITRE V

Poissons.

De tout temps, l'homme a cherché un compagnon qui vînt le distraire, soit dans la solitude de désœuvré, soit dans la solitude de travailleur.

Ce dernier, étant le plus ordinairement peu fortuné, a dû s'ingénier à trouver une société facile à nourrir, exigeant peu de soins, et surtout ne coûtant pas trop cher : l'habitant des eaux, le poisson, est venu tout naturellement à sa pensée.

Mais, dans notre climat, les poissons n'ont pas les brillantes couleurs qui distinguent certaines espèces. Puis, nos races indigènes se prêtent peu à la domestication, et les eaux courantes sont nécessaires à leur existence.

Le *cyprin doré* ou *dorade* de la Chine, plus vulgairement connu sous le nom de *poisson rouge*, est remarquable par ses brillantes couleurs, par l'exiguïté de sa taille, par ses allures, qui lui permettent de claquemurer son existence dans le bocal le plus petit. Ses qualités devaient en faire le poisson d'intérieur, le compagnon de l'ouvrier, le jouet de l'enfant.

De la chambre du travailleur, la dorade, au fur et à mesure que le goût des fleurs s'est répandu, est descendue dans la serre de luxe, dans le bassin d'arrosage ; puis, les découvertes botaniques aidant, le goût des fleurs se popularisant, la serre a pris des proportions plus minimes; elle est devenue portative, elle est montée au salon, elle s'est implantée sur le meuble, elle a remplacé la jardinière, elle est venue orner la fenêtre de l'appartement. Au milieu d'elle, on a placé de petits aquariums en miniature, et dans ces aquariums le cyprin doré a trouvé sa place.

S'il est un être dont les exigences soient très-restreintes, c'est à coup sûr le poisson. Sa nourriture est, pour ainsi dire, nulle : quelques miettes de pain, quelques mouches, quelques vers, un peu d'ortie, telle est la base de son alimentation. Quant à l'entretien, il est également insignifiant; il ne s'agit que de changer son eau tous les deux ou trois jours, lorsque le cercle de son existence est circonscrit dans un bocal exigu, et moins souvent encore, lorsque l'aquarium prend des proportions plus grandes.

Nous compléterons ces notions générales au chapitre vii de ce livre, en parlant des habitations que doivent occuper les animaux domestiques et d'appartement.

CYPRIN DORÉ

Nous l'avons dit, et son nom l'indique assez, le cyprin est d'un rouge doré; mais il en existe plusieurs variétés qui ont été obtenues par d'intelligents croisements. C'est ainsi qu'on en rencontre à écailles vertes, argentées, mouchetées de noir et de nuances les plus diverses. Originaire de Chine, le cyprin ou dorade ne dépasse pas habituellement vingt-cinq centimètres, à moins qu'il ne soit placé dans un vaste bassin, car alors il peut arriver à la dimension de cinquante centimètres.

C'est dans de semblables bassins que le cyprin peut se multiplier. A cet effet, les variétés doivent être habilement mélangées, afin d'obtenir des races nouvelles. Dans la première année de leur existence, ils sont noirâtres et ne présentent aucune de ces belles couleurs qui caractérisent l'espèce, mais, dès la deuxième année, leurs écailles se parent des plus jolies nuances, et, à la troisième année, ils ont acquis tout leur développement.

Lorsque les cyprins ont dépassé quatre ans, ils n'ont plus rien à craindre, et peuvent vivre cinquante années et plus.

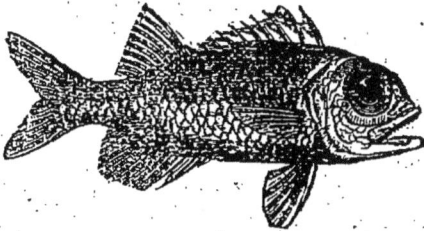

En hiver, c'est-à-dire pendant six mois de l'année, ils ne mangent pas et paraissent engourdis; aussi, lorsqu'ils sont exposés à l'air, dans un jardin, par exemple, on doit, à l'approche des froids, les faire rentrer dans un vivier à l'abri des gelées, si l'on veut éviter qu'ils ne soient détruits par les froids trop intenses.

CHAPITRE VI
Des Reptiles.

Forcé d'adopter la classification des savants, nous sommes obligé de nous servir de leurs dénominations. Mais que

6

nos lecteurs ne s'effrayent pas du titre de notre chapitre. Par reptiles, nous comprenons deux êtres bien inoffensifs : nous voulons parler de la tortue, et de la grenouille connue sous le nom de *rainette*.

Si nous consacrons quelques mots à ces deux espèces, c'est que, comme nous l'avons dit précédemment, nous voulons remplir notre cadre, et que nous ne voulons pas qu'on puisse nous accuser d'avoir omis quoi que ce soit.

La tortue, malgré ses mouvements lents, n'est pas sans intérêt : sa carapace, qu'on prendrait plutôt pour une pierre que pour la maison d'un être vivant, n'en a pas moins son pittoresque; c'est un rocher qui tantôt occupe une place, tantôt une autre.

Quant à la grenouille, toutes sont disgracieuses à voir; mais qu'on avoue avec nous que la rainette fait exception à la règle, et que, au contraire, ce charmant petit batracien peut également égayer le paysage de l'aquarium et de la serre portative.

LA TORTUE

Il existe plusieurs espèces de tortues. Parmi celles qui habitent les mers, nous citerons : la *tortue franche*, qui acquiert parfois l'énorme dimension de deux mètres à deux mètres soixante; la *tortue caret*, plus petite, et dont la carapace fournit spécialement cette substance connue sous le nom d'écaille; enfin, la *tortue luth*, commune dans la Méditerranée, ainsi nommée parce que, dit-on, les anciens construisaient le luth avec sa carapace.

Nous avons aussi les tortues d'eau douce, qui se tiennent habituellement dans le voisinage des rivières, et qui ont assez d'élasticité dans les pattes de derrière pour pouvoir s'élancer dans l'eau en sautant.

Mais, ici, nous ne parlerons que des tortues de terre, qui

se distinguent des autres par une carapace bombée, sous laquelle la tête et les pieds de l'animal peuvent entière-ment se cacher. Depuis notre conquête d'Afrique, où elles sont très-communes, cette espèce est l'objet d'un commerce assez suivi.

Elles varient à l'infini dans leurs dimensions ; il en existe qui ne dépassent pas le diamètre d'une pièce de cinq francs ; les plus communes ont habituellement de cinq à sept centimètres.

Les tortues sont très-vivaces ; on les nourrit avec quel-ques feuilles de salade, encore peuvent-elles passer des mois entiers et même des années sans manger. Leurs mou-vements sont très-lents et leur intelligence très-bornée. Elles ont pour cri un léger sifflement.

LA GRENOUILLE dite RAINETTE

La rainette a les doigts terminés par un renflement vis-queux, ce qui lui permet de grimper ; aussi, l'été, en trouve-t-on sur les arbres, les espaliers, les buissons, où elles montent pour chasser aux insectes. La rainette est verte dessus, pâle dessous, avec une ligne jaune et noire le long des flancs. Ce joli batracien est souvent nourri dans des bocaux de verre, où il sert de baromètre : au moyen d'une échelle disposée dans le vase, il monte à la surface de l'eau quand le temps est beau, et il s'enfonce quand la pluie menace.

CHAPITRE VII

Cages, volières, niches, bocaux, aquariums, etc,

La cage est la prison de l'oiseau ; l'amateur doit, autant qu'il le pourra, rendre cette prison agréable, afin de faire oublier à l'oiseau toute idée de liberté : c'est pour le volatile une condition de santé; par contre, de gentillesse et de gaieté.

La cage ordinaire est un composé de petites pièces de bois emmortaisées les unes dans les autres, et dont les espaces sont fermés par des fils de fer ou des fils d'archal. De chaque côté se trouve un renfoncement destiné à recevoir l'auge à grains, et, de l'autre, l'abreuvoir. Le plancher de la cage doit être mobile et disposé de manière à ce que, glissant entre deux rainures, il puisse être retiré à volonté, afin de pouvoir quotidiennement procéder au nettoyage.

La cage proprement dite n'est vraiment d'un bon service que lorsqu'on élève une seule espèce, parce qu'on peut proportionner sa grandeur à la nature même de l'oiseau. Mais lorsqu'on veut se livrer à l'éducation de différents oiseaux, la volière devient indispensable.

Depuis quelques années, la construction des cages a fait de notables progrès; l'art architectural s'en est emparé; le bois a été remplacé par le fer galvanisé, et les formes les plus gracieuses, les plus bizarres, les plus commodes, ont remplacé les lourdes et disgracieuses boîtes d'autrefois. C'est à M. Tronchon à qui l'on doit cette heureuse initiative.

Nous avons donné précédemment (chapitre II) quelques notions sur les volières; le même industriel, M. Tronchon, a poussé ce genre de construction au *nec plus ultrà* de la perfection. Quelques commerçants ont voulu l'imiter; mais ils ne sont parvenus qu'à faire de pâles copies des œuvres du maître.

Une construction que nous recommandons, parce qu'en effet elle en vaut la peine, c'est la cage-volière. Nous conseillons de la construire sur une des fenêtres de l'appartement qu'on veut consacrer à cet objet.

En Hollande, on cultive les fleurs sur les fenêtres, et,

pour mettre les belles tulipes à l'abri des intempéries brumeuses du climat, chaque jour est garni d'un panneau vitré dont la base est en appenti. Intérieurement se trouve la caisse de terre destinée à recevoir les plantations, qui, au pis aller, peuvent encore disparaître à l'aide de la fenêtre, qu'il ne s'agit que de fermer.

Pourquoi ne ferions-nous pas pour nos oiseaux de volière ce que les Hollandais font pour leurs fleurs? Rien ne serait cependant plus facile : un simple grillage placé intérieurement suffirait pour transformer cette petite serre en une charmante volière mixte.

Quelques plantes, renouvelées de temps en temps, égayeraient le paysage ; un petit aquarium et quelques cyprins dorés ne feraient qu'ajouter à la perspective.

Tous les oiseaux peuvent être renfermés dans la même volière, excepté cependant les bengalis et sénégalis, qui réclament un enclos spécial.

Si, des oiseaux, nous passons aux mammifères, notre tâche devient moins difficile. Le chien a besoin d'une niche; celle-ci doit être en bois et le fond à claire-voie, dans le cas, toutefois, où l'allaitement des petits a lieu dans *le domicile*. La paille fraîche nous paraît le meilleur coucher qu'il soit possible de donner au chien; dans tous les cas, c'est le plus sain.

L'ouverture de la niche doit regarder le levant, et tous les jours elle doit être nettoyée et la paille changée. Une fois par semaine, il est nécessaire de la laver, d'y jeter deux seaux d'eau, afin de détruire les puces et autres parasites dont la race canine est parfois tourmentée.

Les chiens qui couchent dans la maison ne doivent pas, comme, du reste, nous l'avons dit plus haut, être laissés près du feu ou sur les coussins des fauteuils. Tous les soirs, ils doivent être conduits dans une chambre froide et placés dans une caisse ou un panier, dans le fond duquel on étendra un morceau de tapis. Une fois habitué à ce coucher, le chien s'y rendra lui-même tous les soirs.

Quant au chat, à moins que ce ne soit dans le temps de l'allaitement, il est très-difficile de lui assigner une place fixe de repos ; du reste, les chats courent la nuit, et, le jour, ils dorment indifféremment où ils se trouvent, en choisissant néanmoins avec intelligence, l'hiver, les endroits les plus chauds, et, l'été, les lieux les plus frais.

Les cyprins élevés en appartement ont diverses habitudes : l'ouvrier placera son beau poisson rouge dans un bocal, sorte de globe à pied et à petite embouchure, et le pauvre captif tournera autour de sa prison avec une patience digne d'un meilleur sort.

Nous conseillons de ne jamais oublier de garnir le fond de ces sortes de bocaux d'une poignée de petits cailloux. Le poisson aime à se reposer sur un lit semblable ; il lui rappelle le cailloutage des rivières où il s'est laissé prendre.

Depuis quelques années, au classique bocal on a substitué des vases de différentes formes : ce sont des globes suspendus au centre d'un châssis en fer, ou bien des espèces de suspensions qui s'accrochent au plafond, à la manière de ceux destinés aux plantes grasses et aux orchidées. Ce sont des coupes, des cloches renversées et disposées de manière à recevoir le poisson et quelques plantes aquatiques, lesquelles ont l'immense avantage de purifier l'eau et de rendre plus confortable l'habitation aquatique.

Mais l'aquarium le plus joli, le plus parfait, est celui qui orne la serre, qu'il soit en verre, en marbre ou en pierre ; et le *nec plus ultrà* du genre, c'est le bassin du parterre, c'est la vasque du jet d'eau de la volière.

Nous ne terminerons pas ce chapitre sans reproduire textuellement ce que nous avons dit des aquariums de

M. Leclerc, au sujet de son exposition de Besançon. Notre appréciation, à cet égard, donnera une idée exacte de ce qui se fait de mieux en ce genre.

« M. Leclerc est, sans contredit, le plus habile constructeur que nous ayons en ce genre, et l'exposition bisontine lui doit bien certainement de larges remercîments; son exhibition faisait, en effet, le principal ornement du palais industriel. Sa fontaine dite du *Génie de la pêche*, qui ornait la grande salle, était un véritable chef-d'œuvre d'art, de bon goût et de grâce; ses aquariums de salon sont de vrais bijoux qui flattent l'œil, et qui ne dépareraient pas le boudoir le plus coquet; ses fleurs métalliques imitent à s'y méprendre la nature : ce sont de vraies fleurs, de véritables *pancratium illyricum*, de magnifiques *strelitzia reginæ*, des *typha* qui semblent être venus là spontanément, par la puissance des eaux. Rien ne manque à l'imitation, ni la forme, ni le laisser-aller, ni la couleur, et les gerbes scintillantes du fluide aqueux semblent faire frissonner de plaisir cette végétation toute aquatique et toute ferrugineuse. »

CHAPITRE VIII
Aviceptologie (1) ou art de prendre les oiseaux.

Indépendamment des principes généraux que nous avons donnés dans le cours de cet ouvrage, nous croyons utile ici d'écrire un chapitre spécial sur les différentes manières de prendre et de se procurer les oiseaux en général, et en particulier les oiseaux de volière.

Cette partie de notre livre ne s'applique qu'aux oiseaux indigènes et non aux oiseaux exotiques, qui, par les habitudes et les lieux où ils habitent, réclament d'autres engins de prise.

(1) Aviceptologie vient de : *avis, capere,* λογὸς, discours sur la manière de prendre les oiseaux.

DE LA SAISON.

C'est en automne que les oiseaux se laissent plus facilement approcher. Les tourterelles, les cailles et un grand nombre d'oiseaux se rencontrent dans les chaumes coupés, d'autres dans les bois, et les volatiles aquatiques, sur le bord des rivières, des étangs et des marais. L'automne est aussi l'époque où tous les animaux ont le plus d'embonpoint, et où ils se laissent le plus facilement prendre.

DES PIÉGES.

Parmi les piéges les plus en usage, nous citerons les suivants : l'arbret, — le collet, — le cornet englué, — la hutte ambulante, — le miroir, — la nappe ou tombereau, — la pipée, — le réverbère, — le traineau, — la fossette, — le buisson englué, — la truble, — le fusil Levaillant.

Nous terminerons cet intéressant chapitre par une note sur le moyen à employer pour dégluer les oiseaux.

L'arbret. On nomme arbret, une branche émondée de deux mètres de hauteur, sur laquelle on ménage, à l'aide du couteau, de petites pointes qui servent à fixer des bouts de sureau englué. On place dans l'arbre ou la branche un ou plusieurs oiseaux attachés par la patte à un fil d'archal disposé sur un morceau de bois, de manière que, lorsque l'on tire le long fil qui y correspond, on fait jouer le bois et, par contre, voltiger les oiseaux captifs. Les bouts de sureau ou *moquettes* doivent être fichés si légèrement, que, lorsque l'oiseau libre s'abat dessus, il puisse tomber en entrainant le sureau englué.

Les moquettes d'un arbre ne doivent pas avoir plus de seize centimètres.

Le collet. Cet engin est une baguette pliée en forme de cercle et liée à ses deux extrémités. On le fixe verticalement à une branche d'arbre, et on attache à sa partie supérieure, de quatre centimètres en quatre centimètres, des bouts de crin extrêmement uni, dont la partie inférieure est terminée par un simple nœud coulant, et dont le centre est amorcé par un fruit approprié au goût de l'oiseau qu'on veut prendre.

Les oiseaux viennent se poser sur la base du cercle, et invités, tant par l'amorce que par le plaisir, à se percher commodément, ils donnent dans le piége comme à l'envi.

On emploie aussi le collet pour prendre les oiseaux aquatiques et ceux qui ne perchent pas ; ces collets traînent à terre, fixés qu'ils sont à de petits morceaux de bois fichés dans le sol ; mais alors, au lieu de se prendre par le cou, ils s'enlacent par les pattes.

Le cornet englué. On fait des cornets en papier ayant une certaine consistance, dans le fond desquels on met un morceau de viande, puis on entoure les bords dudit cornet d'une couche de glu ; on le pique ensuite en terre, sur les fumiers ou sur les branches d'arbre. L'oiseau, sentant l'odeur de la viande, plonge la tête dans le fond du cornet ; mais lorsqu'il veut la retirer, les plumes de son cou s'enduisent de glu, et l'engin intercepte ses rayons visuels ; alors, chose curieuse, il s'élève verticalement dans l'air et retombe presque à la même place, dans un état tel que le chasseur peut s'en emparer sans difficulté.

Cette chasse, très-divertissante, nous a surtout réussi pour prendre de grandes quantités de corbeaux, sansonnets, pies et autres volatiles carnivores.

La hutte ambulante. La hutte ambulante est formée de branches d'arbre feuillues, très-légères, et arrangées de telle sorte que, terminée, elle ressemble à un buisson. Elle doit avoir deux mètres de hauteur. Le chasseur entre dans son intérieur, et il doit marcher si doucement en entraînant l'appareil, que les oiseaux les plus subtils ne puissent s'apercevoir de son mouvement de translation.

Cet engin est le plus souvent employé dans les chasses au fusil.

Le miroir. Le miroir est une pièce de bois de quatre à cinq centimètres de largeur et taillée en biseau de tous les côtés ; les deux faces sont incrustées de petites glaces ; le tout est fixé dans une broche de fer, emmanchée par la base dans une bobine sur laquelle doit s'enrouler une ficelle ; enfin, la bobine repose sur un pieu qui sert à ficher l'appareil dans le sol. Le chasseur, caché à vingt ou vingt-cinq pas, soit par un buisson, soit dans une hutte ambulante, soit enfin dans les hautes herbes, tient d'une main l'extrémité de la ficelle et fait pirouetter le miroir ; de l'autre, il tient la corde du filet, qu'il tire à lui lorsque les oiseaux sont à proximité du miroir. Si l'on chasse au fusil, le chasseur doit avoir avec lui un tourneur, car, dans ce dernier cas, il faut que ses deux mains soient libres.

La nappe ou *tombereau.* La première dénomination s'applique aux filets destinés aux petits oiseaux ; la seconde, aux filets destinés aux gros volatiles. Leur forme est exactement semblable ; ils ne diffèrent que par leur dimension et le plus ou moins grand écartement des mailles.

La nappe est composée de deux filets plats, distants l'un de l'autre d'à peu près leur largeur. Chaque extrémité est munie d'une perche légère, et leur base intérieure est fixée au sol à l'aide de quatre forts piquets. La partie supérieure externe est maintenue obliquement par deux cordes, dont l'extrémité est attachée à quatre autres piquets placés à quelque distance. Aux deux extrémités externes, du côté du chasseur, sont adaptées deux cordes qui viennent se réunir dans sa main. Au milieu et entre les deux filets, on place un ou plusieurs oiseaux attachés par la patte à un machine disposée de manière à ce qu'à l'aide d'un fil, le chasseur puisse donner une commotion à l'oiseau et le faire voltiger.

Une figure fera parfaitement comprendre le mécanisme de cet engin. (Figure 1re.)

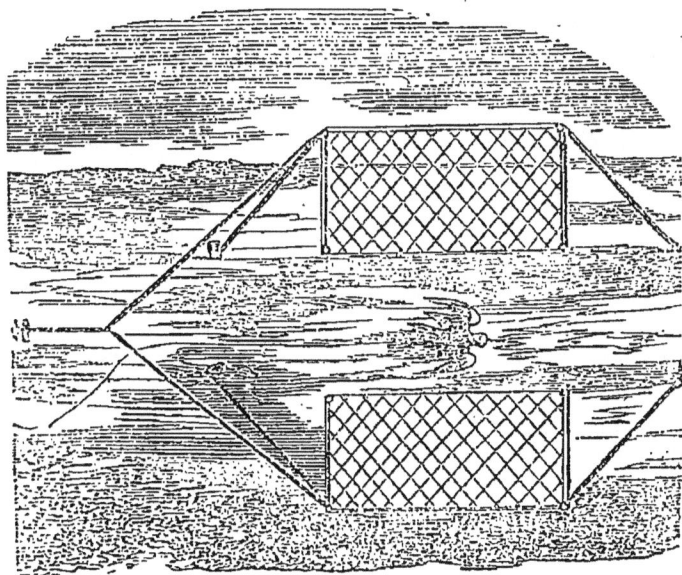

Fig. 1re.

La pipée. Piper est l'art qui a pour objet d'imiter les cris de différents oiseaux, afin de les appeler dans le filet près de l'oiseau captif. Quelques oiseleurs imitent avec une rare perfection le pipage; mais on a inventé différents appeaux artificiels qui permettent à tous les chasseurs d'imiter les divers cris nécessaires dans cette sorte de chasse.

Le réverbère. Le réverbère n'est autre chose qu'un réflecteur porté par une personne le long d'un étang, d'un lac ou d'un cours d'eau quelconque, afin d'attirer les canards et hallebrands qui s'y trouvent jusqu'à la portée du fusil du chasseur, qui se place dans l'obscurité derrière le porte-réverbère.

Le traîneau est un filet de seize à vingt mètres de long sur cinq à six mètres de large. Chaque extrémité est maintenue à l'aide d'une perche. Deux chasseurs tiennent le milieu de chacune d'elle, de manière à ce que le filet soit bien tendu, et, de distance en distance, on le pose à terre. De cette manière, tout gibier qui ne branche pas, tels que cailles, perdrix, alouettes, ne peut manquer d'être pris.

Cet engin est tellement destructeur, qu'il est défendu d'en faire usage. Nous en parlons ici comme mémoire.

La fossette. On fait une petite fosse de vingt centimètres en tous sens et de seize centimètres de profondeur; on couvre la fossette d'une tuile, qu'on maintient d'un côté par un quatre de chiffre, à l'extrémité duquel on attache un ver de terre. Les merles et autres oiseaux, en venant becqueter le ver, détendent le quatre de chiffre, la tuile s'abat, et l'animal se trouve enfermé dans la fossette. (Fig. 2.)

Fig. 2.

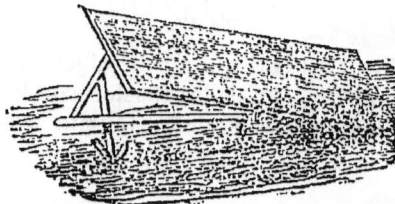

Le buisson englué. Sur un buisson, soit naturel, soit artificiel, placez quatre à cinq douzaines de petits gluaux de dix-huit à vingt centimètres de longueur; attachez à distance de petits oiseaux qui serviront d'appeaux, et amorcez votre buisson selon l'espèce de volatile que vous voulez prendre.

La truble. La truble est un filet qui ressemble à ceux employés aux chasses de papillons. Par une nuit sombre et pluvieuse, armez-vous d'une truble et d'une lanterne sourde ; en ayant soin de projeter la lumière devant vous, les rayons lumineux vous permettront alors de distinguer les oiseaux endormis, tandis que ces derniers ne pourront vous distinguer dans l'obscurité : il vous sera facile alors de couvrir de votre truble tous ceux que vous rencontrerez.

La chasse à la truble nous a souvent réussi pour les oiseaux qui ne perchent pas, surtout pour la perdrix, la caille et l'alouette.

Le fusil Levaillant. Nous laissons parler ici le célèbre voyageur Levaillant.

« Je mettais, dit-il, dans mon fusil, la mesure de poudre plus ou moins forte, selon les circonstances; immédiatement sur la poudre, je coulais un petit bout de chandelle, épais environ d'un demi-pouce; je l'assurais avec la baguette, ensuite je remplissais d'eau le canon jusqu'à la bouche. Par ce moyen, à la distance requise, je ne faisais, en tirant l'oiseau, que l'étourdir, l'arroser et lui mouiller les plumes; puis, le ramassant aussitôt, il n'avait pas, comme dans un piége, le temps de se débattre et de se gâter. L'eau, poussée par la poudre, allait au but, et le morceau de suif, n'ayant pas la pesanteur de l'eau, restait en route. On devine assez que, de cette manière, je ne tirais jamais horizontalement. »

DE LA DÉGLUTINATION.

On poudre les ailes gluées de l'oiseau de cendre, de sable, ou même de plâtre, et on le laisse douze heures en cet état ; on prend ensuite deux jaunes d'œufs et on en frotte avec les barbes d'une plume les parties engluées. Au bout de vingt-quatre heures, on fait fondre un peu de beurre et de lard, et on en graisse de nouveau les plumes ; quelques heures après on lave à grande eau, et la glu a complétement disparu.

Ce rapide exposé d'aviceptologie suffira, nous l'espérons, pour faire comprendre à nos lecteurs tout le parti que l'amateur peut tirer de ses heures de loisir. Ceux qui aiment les volières ressemblent à ceux qui aiment les fleurs : ils préfèrent un oiseau qui est, pour ainsi dire, sa conquête, que celui payé à prix d'argent chez le marchand oiseleur ; de même l'amateur de fleurs préférera une plante cultivée par ses mains à celle qu'il aura achetée chez l'horticulteur voisin.

CHAPITRE IX

Maladies des oiseaux et des animaux domestiques.

Les oiseaux sont sujets à plusieurs maladies :

1° La première maladie qui affecte tous les oiseaux en général est la mue ; à cette époque, ils se becquettent les plumes et paraissent inquiets. — Pour combattre cette affection, on doit les placer dans un lieu dont la température devra être de 18 à 20 degrés centigrades, et faire en sorte qu'ils ne soient jamais exposés à la pluie. Une nourriture saine et peu relâchante est de rigueur.

2° Ils ont aussi souvent des abcès à la tête : vous prenez alors un fer de la grosseur de l'œil de l'oiseau, ou un peu moins, vous le faites rougir au feu pour en toucher l'en-

droit affecté; l'abcès se dessèche, par ce moyen, bien vite
s'il est aqueux, et disparaît de même s'il est plâtreux.
Lorsque la cautérisation est faite, vous l'oignez avec du savon noir fondu, ou avec de l'huile mêlée avec de la cendre
chaude. Ces sortes d'abcès ou furoncles viennent, pour l'ordinaire, aux petits oiseaux qui ont une complexion chaude.
Quand l'abcès commence à paraître, il n'est pas plus gros
qu'un grain de chènevis; mais dans la suite il devient souvent aussi gros qu'un pois chiche; c'est pour cette raison
que plusieurs personnes le regardent comme un mal incu-
rable; aussi sont-elles dans l'usage de purger les oiseaux
avec le suc de bette mis dans leur abreuvoir au lieu d'eau,
avant d'y mettre le feu. Ce traitement est rapporté par
Olina, mais il est un peu violent; il tient du traitement des
maréchaux.

3° Les oiseaux sont sujets à avoir mal aux yeux; il leur
survient dans cette partie de petits boutons. Dans ce cas,
vous leur donnez, de même que dans la maladie précédente, le suc de bette pendant quatre jours, mêlé avec un
peu de sucre, et vous touchez leurs yeux avec le lait du
figuier, ou avec de l'écorce d'orange, ou du verjus, ou bien
vous les lavez avec de l'eau dans laquelle vous aurez fait
bouillir de l'ellébore blanc, ou simplement avec de l'eau de
vigne; quelques personnes se contentent de mettre dans
leurs cages de petites branches de figuier coupées, pour
que les oiseaux s'y frottent d'eux-mêmes l'œil par un
instinct naturel, mais cette médication nous paraît illu-
soire.

4° Il vient quelquefois au palais des oiseaux de petits
ulcères, qu'on nomme *aphthes* ou *chancres;* pour y apporter
remède, vous mettez dans l'abreuvoir de la semence de
melon mondée dissoute dans l'eau pendant trois ou quatre
jours; vous leur touchez en même temps, mais légèrement;

le palais avec une plume trempée dans du miel rosat, animé d'un peu de soufre.

5° Plusieurs oiseaux ont des attaques du mal caduc, il en périt même beaucoup dès le premier accès; il faut leur couper sur-le-champ le bout des ongles, leur souffler plusieurs fois du bon vin, et ne pas trop les exposer au soleil.

6° Quelquefois les oiseaux s'enrhument et perdent leur chant; vous y remédiez en leur donnant, pendant deux jours, une décoction avec des jujubes, des figues sèches, de la réglisse concassée, de l'eau commune et un peu de sucre; vous continuez de leur en donner encore pendant deux ou trois autres jours avec du suc de bette; vous les tenez la nuit à l'air, si c'est l'été, mais vous avez le soin de les garantir de la rosée.

7° Les oiseaux sont encore exposés à l'asthme et au resserrement de la poitrine : vous vous en apercevez lorsqu'ils ouvrent souvent le bec, qu'ils deviennent enroués, ou lorsque, touchant leur poitrine, vous y sentirez une palpitation extraordinaire. Vous regarderez alors autour de la langue si, par hasard, la cause du mal ne serait pas le croisement de quelques petits nerfs, ou la présence d'un morceau de leur nourriture non ingurgitée, comme il arrive souvent aux rossignols, aux becfigues et autres oiseaux auxquels on donne à manger du cœur, des vers; il faut alors le leur ôter avec précaution, et si vous êtes assuré que le mal ne vient pas de cette cause, vous prenez un peu d'oxymel, et avec une plume vous leur en faites tomber dans le bec deux ou trois gouttes; vous mêlerez en même temps cet oxymel dans l'eau de leur boisson pendant deux ou trois jours, ou bien vous leur ferez fondre dans l'eau de leur abreuvoir du sucre candi.

Il arrive quelquefois que l'asthme et la gêne de la poitrine résultent de graines trop récentes ou d'une nourriture

trop rance : le sucre d'orge trempé dans l'eau de l'abreuvoir, que vous renouvellerez souvent, est un excellent remède.

8o Les oiseaux tombent, de même que l'homme, en
phthisie, qui se nomme improprement mal *subtil*. Vous re-
connaîtrez cette maladie aux symptômes suivants : l'oiseau
a le ventre tendu comme s'il avait une hydropisie, ses
veines sont gonflées et apparentes, la poitrine est maigre et
peu charnue, il mange peu, quoiqu'il soit continuellement
à la mangeoire, et il jette beaucoup plus de nourriture par
terre qu'il n'en prend; vous lui donnerez alors, pendant
deux jours, le suc de bette, après quoi vous lui présenterez
de la graine de melon pilée avec un peu de sucre dans de
l'eau commune.

9e Les oiseaux sont, pour l'ordinaire, constipés ; vous y
remédierez en leur mettant une plume frottée d'huile commune dans l'anus deux fois par jour, et vous leur donnerez
en même temps, pendant deux jours, le suc de bette.

10° Les oiseaux de volière sont, comme ceux de la basse-
cour, assujettis à la pépie. C'est une pellicule blanchâtre
qui se forme sur leur lange et qui les empêche de boire, de
manger et de chanter. Lorsqu'on s'en aperçoit, on doit l'enlever légèrement avec la pointe d'une épingle, après avoir
au préalable humecté la langue avec du lait tiède. L'opération terminée, on devra les laisser une heure sans
manger.

11° Une espèce de gale affecte aussi les oiseaux, surtout
les couveuses. Des bains réitérés de décoction tiède de ca-
momille puante (*anthemis cotula*) sont très-efficaces.

12° La négligence et la malpropreté des volières enfan-
tent parfois une quantité considérable de poux. Des bains
tièdes de décoction de tanaisie (*tanacetum vulgare*) sont nécessaires. Comme le pou se loge plutôt dans les plumes de

7

la tête que partout ailleurs ; on devra donner aux oiseaux
du grain au fond d'un vase plein d'eau : en allant y chercher
leur nourriture, ils s'humecteront les plumes de la tête,
et l'humidité qui en résultera forcera le pou à descendre
sur le corps, où le bain de décoction de tanaisie viendra les
faire périr.

Les mammifères, comme les oiseaux, sont assujettis à différentes affections.

La première, dont nous avons déjà dit quelques mots, est
cette maladie commune à toute l'espèce, et qui la frappe
comme la rougeole frappe l'homme.

Lorsque le mal commence à apparaître, ce qui a lieu la
première année de l'existence, on s'en aperçoit par le poil
qui est terne, par l'appétit qui manque, par la tristesse de
l'animal, qui a la tête basse, le nez chaud et sec, et parfois
le coin des babines saturé de mucosités.

Le premier soin à donner consiste en une nourriture légère et rafraîchissante, telle que la soupe au lait. On administre ensuite une bonne purgation de sirop de nerprun, le
lendemain une bonne poignée de sel gris, puis on recom-
mence la purgation le surlendemain. On laisse reposer la
bête pendant cinq à six jours, et on renouvelle la même
médication, si toutefois il n'y a pas de mieux.

Avec de semblables soins, les symptômes doivent disparaître en trois semaines.

Les maladies de peau, gale, gratelle et autres, se gué-
rissent facilement à l'aide de bains à l'eau tiède, saturée
de savon noir, en ayant soin d'administrer conjointement
quelques légères purgations.

Les chiens d'appartement, qui ont peu d'exercice, sont
sujets aux coliques stercorales. On les soulage par des lavements émollients et par de légères purgations.

On guérit la constipation du chien en lui faisant avaler de l'huile, ou bien à l'aide de lavements au savon noir.

La rage est la plus terrible maladie de la race canine. On reconnaît qu'un animal en est atteint lorsqu'il fuit le grand jour, qu'il est triste, qu'il chancelle en marchant, qu'il refuse la boisson et la nourriture. A ces symptômes, on ne doit pas hésiter un seul instant à le faire abattre.

Nous-ne dirons rien de la médication à suivre lorsqu'on est mordu par un chien enragé. Non-seulement ce serait sortir de notre sujet, mais encore c'est que le mieux est de faire appeler sans retard l'homme de l'art.

Les chats ne sont pas exempts de maladies.

Les diagnostics sont très-visibles : les chats malades ont l'œil morne et larmoyant, la diarrhée, le frisson, et cherchent la chaleur avec une persistance outrée. Le meilleur remède consiste à leur administrer des purgations composées de jalap et de scammonée, et d'exciter les vomissements avec du lait dans lequel on mélange du tritoxyde de fer. Quelques vétérinaires préconisent les lavements.

Le chat est aussi sujet aux maladies vermineuses. Quand on s'en aperçoit, il faut les lotionner avec de l'eau zinguée, qu'on leur fait prendre également en boisson et en lavement.

CHAPITRE X

L'Art d'empailler les oiseaux (1).

DÉPOUILLEMENT DES OISEAUX.

« Après avoir fendu la peau tout le long de l'os saillant de la poitrine et quelques lignes ou quelques pouces au delà,

(1) Extrait du *Traité des procédés Gannal*, pour embaumer et empailler les oiseaux, les quadrupèdes, etc., suivi de l'*Art de mégir, de parcheminer, de monter les peaux de tous les animaux, de prendre, préparer et conserver les papillons et insectes.* 4e édition, revue et augmentée, prix : 1 fr.

suivant la taille de l'oiseau, il faut, en écorchant sur les côtés, découvrir l'articulation des ailes avec l'omoplate, couper avec des ciseaux cette articulation, ou, si l'oiseau est trop grand, désarticuler les ailes ras le corps. On coupe ou on désarticule également le cou, puis on renverse la peau sur le dos, qu'on écorche avec précaution. Arrivé aux jambes, on écorche une partie des tibia, et on les sépare des fémurs. Il faut ensuite pincer la peau du ventre, la ramener doucement vers la queue, qu'on coupe en ménageant les tuyaux des plumes, qu'il faut bien se garder d'attaquer. Pendant toute cette opération, on ne doit pas négliger de jeter fréquemment du plâtre, afin d'absorber toutes les humeurs qui tacheraient les plumes.

« Si on avait à dépouiller un oiseau dont l'attitude est ordinairement verticale, un grèbe, par exemple, au lieu de l'ouvrir par le ventre, on l'écorcherait par le dos, ce qui ne change en rien le reste de l'opération.

« On nettoie ensuite la tête de la même manière que pour les petits mammifères, en ayant soin de ne pas tendre ou allonger la peau du cou, et d'opérer le plus promptement possible, afin de ne pas laisser à la peau le temps de se dessécher, car alors on éprouverait quelques difficultés à remettre la tête en place. Si la tête ne pouvait passer par la peau du cou, comme cela arrive pour les canards, pour les grues, les épeiches, etc., on ferait en dehors une ouverture, depuis le milieu du crâne jusqu'à la naissance du cou, et, après avoir coupé celui-ci aussi près de l'occiput que possible, on ferait passer la tête par cette ouverture, qu'on recoud aussi proprement que possible.

« On passe ensuite aux ailes, qu'on débarrasse de leurs muscles, après les avoir écorchés jusqu'à l'articulation de l'humérus avec le radius et le cubitus, qu'on peut ordinairement nettoyer sans aller plus avant ; mais si l'oiseau était au-dessus de la taille de la pie, il serait prudent d'écorcher jusqu'à l'articulation suivante, en détachant du cubitus les pennes des ailes qui y sont fixées. Cependant, si on avait l'intention de monter l'oiseau les ailes ouvertes, il faudrait bien se garder de détacher les pennes, et, dans ce cas, on fendrait la peau en dessous des ailes pour les nettoyer, et on recoudrait sur-le-champ l'ouverture sans serrer la couture, qui pourrait faire relever les plumes de dessus l'aile. Les jambes s'écorchent jusqu'au talon, c'est-à-dire dans toute la partie ordinairement couverte de plumes. On en ôte toute la chair, en ménageant toujours les os et leurs ligaments. On débarrasse aussi la queue de toutes ses parties charnues et graisseuses, et on la remet en place.

L'ART D'EMPAILLER ET DE MONTER LES PÉAUX DES OISEAUX.

On commence par bourrer les yeux avec du coton haché, les joues, ainsi que la tête et le cou, avec de l'étoupe coupée ; puis on attache ensemble les ailes, ce qui se fait, pour les petites espèces, avec un fil qui passe entre le radius et le cubitus, et qui se noue à une distance convenable, de façon à laisser les humérus à la place qu'ils occupaient dans l'oiseau. Les ailes des grandes espèces s'attachent au moyen d'un fil de fer aiguisé aux deux bouts, qu'on passe dans la cavité de chaque os du bras, dont on a coupé l'extrémité. On fait sortir ce fil de fer par la partie supérieure de l'os, et on le recourbe à la pointe, puis on remet les ailes en place ; on bourre le corps à demi, toujours avec de l'étoupe hachée, et on s'occupe de placer les fils de fer, au nombre de trois. Le plus court, celui qui sert de traverse, doit être aiguisé aux deux bouts et porter un anneau qui correspondra au milieu de l'ouverture du corps ; on le fait passer dans le cou, et, en le tournant peu à peu, il est ordinairement facile de lui faire percer le crâne, qu'il doit dépasser plus ou moins. Les deux autres fils de fer se passent dans l'intérieur des jambes ; on les fait entrer par la plante du pied et ressortir par le corps, de manière à dépasser les os de la jambe, et, après avoir garni ceux-ci de coton ou d'étoupe, on courbe l'extrémité des fils de fer, on les croise dans l'anneau de la traverse, et, en les tordant tous les trois avec des pinces, on les unit. On relève ensuite l'extrémité libre de la traverse, et, en la recourbant peu à peu, on la fait pénétrer dans la queue, qu'elle sert à maintenir.

Il faut ensuite courber les fils de fer des jambes, de manière à imiter la forme et la position des os qui ont été retranchés ; on achève de bourrer ; on coud le ventre, puis on fixe l'oiseau sur une planche ou sur un juchoir au moyen des fils de fer des jambes, et on lui fait prendre l'attitude convenable. Il ne reste plus qu'à remettre les plumes en place, et à les maintenir pendant la dessiccation par des bandelettes de linge fixées par des épingles. L'oiseau sec, on lui ramollit les paupières et on place les yeux artificiels.

Nous avons supposé jusqu'ici que le préparateur opère sur des peaux fraîches ; mais s'il doit monter des oiseaux mis en peau depuis longtemps, comme, par exemple, tous ceux qui nous arrivent des pays étrangers, il est indispensable qu'il commence par les ramollir, afin de donner à la peau toute la souplesse nécessaire. Pour y parvenir, il faut débourrer le corps de l'oiseau avec précaution, remplacer ce qu'on a enlevé par de l'étoupe hachée et humide, entourer les pattes de coton ou d'étoupe également humide, et laisser l'oiseau de un à trois jours au plus, suivant sa taille, dans un vase couvert dont on aura garni le fond de sable fin bien lavé, mais seulement humide, et recouvert d'un linge épais. On peut ensuite le monter à la manière ordinaire ; cependant il est nécessaire, durant l'opération, de garnir l'intérieur de la peau d'une bonne couche de savon arsenical de Bécœur, sans quoi l'oiseau serait promptement attaqué et détruit par les insectes.

On traitera de même toutes les peaux qui n'auraient pas été préservées par les procédés de M. Gannal.

Il arrive ordinairement qu'en montant les peaux d'oiseaux ou de mammifères, il s'en détache quelques plumes ou quelques poils; on les conservera avec soin, et lorsque l'animal sera parfaitement sec, on les collera à leur place avec précaution, au moyen d'un peu de gomme dissoute dans l'eau, à laquelle on aura mêlé une petite quantité de farine et de savon arsenical. Si on manquait de plumes ou de poils, on pourrait en prendre sur un mauvais individu de la même espèce, ou, à défaut, on se contenterait de peindre la partie dénudée de la peau de la couleur voulue. Pour cela, on se sert de jaune de chrome, d'ocre, de peinture à l'huile ou à l'eau.

DÉPOUILLEMENT DES MAMMIFÈRES.

Le dépouillement des mammifères, quoique réclamant de très-grands soins, est facile à exécuter. Afin de mieux nous faire comprendre, nous prendrons deux exemples : celui d'un animal très-petit, tel que l'écureuil, et celui d'un animal beaucoup plus fort, un chien de Terre-Neuve.

Écureuil. — Le premier soin à prendre est de visiter le pelage, de laver les taches qui s'y trouvent avec de l'eau, et, afin d'activer la dessiccation, de saupoudrer les parties humides avec du plâtre très-fin. Il est seulement essentiel de brosser doucement le poil, afin qu'il ne reste aucun atome de plâtre, car alors celui-ci, s'emparant de l'humidité, pourrait durcir et détériorer le duvet cutané.

Pour les grandes peaux, une condition *sine quâ non* de conservation est de les passer au bain conservateur, dont nous donnerons la composition plus loin. Mais pour les petits animaux, tels que l'écureuil, le rat, l'hermine, la taupe, le surmulot, etc., cette préparation est complétement inutile.

Dans l'exemple que nous donnons ici, nous supposons que l'écureuil est mort depuis quelque temps et que son sang est parfaitement coagulé.

La première opération est de tirailler les membres de l'animal à préparer, de manière à leur rendre toute leur souplesse. On l'étend ensuite sur une table, puis on incise avec beaucoup de soin la peau du ventre, en partant de la clavicule, jusqu'à 27 millimètres environ de l'anus; la peau est ensuite retroussée, et rejetée à droite et à gauche, et, au fur et à mesure qu'elle est soulevée, au fur et à mesure on doit la soupoudrer intérieurement de plâtre fin.

Cette première incision terminée, on détache avec attention, et le plus complétement possible, la peau jusqu'à l'épine dorsale, puis, tout en suivant le dépouillement, on relève, autant que faire se peut, les cuisses et les pattes de devant, afin de pouvoir les couper là où le fémur s'articule avec le tibia, et à l'articulation de l'humérus avec le cubitus. Si la section ne pouvait avoir lieu aussi avant, on se contenterait de couper les cuisses à leur articulation avec les os du bassin, et les membres antérieurs à leur articulation avec l'omoplate.

L'intestin rectum doit être parfaitement dégagé et lié avec un fil avant d'en faire la section, sans préjudice néanmoins de l'étoupe qui obstrue la sortie des excréments de l'anus. Puis, après avoir dégagé les deux ou trois premières vertèbres de la queue, on les coupe également. Enfin, on retourne l'animal, on jette la peau sur la tête, on dégage le cou et on le coupe entre la vertèbre atlas et le trou occipital.

Il ne reste plus alors que la peau, accompagnée de la tête et des membres extrêmes, pattes et queue. C'est alors qu'à l'aide de pinces on extrait les yeux de la tête; on en nettoie les cavités, qu'on saupoudre de plâtre.

Cette opération demande beaucoup de soin, car un des caractères essentiels de tout mammifère sont les cils; il faut donc que ceux-ci restent intacts, si l'on ne veut défigurer l'animal.

Les mêmes soins doivent être observés lorsqu'on soulève la peau qui tapisse les orbites.

Les oreilles se préparent en arrachant le sac membraneux qui tapisse la conque, puis on les coupe le plus profondément possible.

Enfin la peau est détachée jusqu'à la mâchoire, mais elle doit rester adhérente à cette partie.

Arrivé à ce point de l'opération, on continue par le nettoyage du crâne; à cet effet, on prend un crochet, et, par le trou occipital, on extrait la cervelle. Si ce trou est trop petit, il faut l'agrandir, afin de faciliter la sortie de la masse cérébrale.

On passe ensuite aux membres. Chez quelques animaux, ils se détachent parfaitement de la peau; chez d'autres, au contraire, il est nécessaire de fendre la peau longitudinalement pour en extraire cette partie de la charpente osseuse.

Quant à la queue, on en retourne la peau, et, à l'aide du scalpel, on enlève avec soin tous les ligaments des vertèbres. Lorsque trois ou quatre de ces vertèbres sont découvertes, on les fait tenir par un aide, soit à l'aide d'une tenaille, soit à l'aide d'un étau à main, puis on exerce une traction modérée sur la peau, qui, le plus ordinairement, se détache sans difficulté.

Dans le cas où l'écorchage de la queue devient impossible, on est obligé de la fendre longitudinalement par dessous, afin d'opérer l'extraction de la noix. On en est quitte pour la recoudre à l'aide d'un point de suture.

Ceci terminé, on frotte la peau avec du plâtre, afin d'en enlever l'humidité, et, selon le besoin, on renouvelle cette opération plusieurs fois.

Hormis la tête, vous avez donc à votre disposition toute la charpente osseuse, musculaire et nerveuse de l'animal. C'est alors qu'on procède à l'élimination du tissu musculaire et nerveux, afin qu'il ne reste plus que les os.

On y arrive à l'aide du scalpel et de lavages successifs.

Le crâne est ensuite percé vers le frontal, afin de recevoir un fil de fer de montage, lequel vient se rattacher aux vertèbres du cou ; les membres inférieurs, après avoir été saupoudrés de préservatif (voir page 106), sont remis dans leur fourreau de peau. Enfin les humérus et les fémurs, après avoir été percés à l'aide d'un poinçon, sont rattachés aux os du bassin et aux omoplates.

N'oublions pas de recommander à tous les préparateurs, avant de monter un animal quelconque, de préparer la peau, afin qu'elle ne soit pas attaquée par les animaux parasites. Plusieurs procédés ont été employés ; le meilleur, suivant nous, est celui qui consiste à en frotter l'intérieur avec de l'alun, après toutefois en avoir retiré les parties graisseuses qui peuvent aisément se détacher.

Si, selon les espèces, on a retiré autour des os des membres une grande quantité de parties molles, on devra remplir les cavités à l'aide de bandelettes de mousseline saupoudrées d'alun. Dans tous les cas, et quel que soit le procédé mis en usage, cette dernière substance ne doit pas être épargnée, ainsi que les différents préservatifs dont nous donnerons plus loin la formule.

Enfin, lors du montage, dont nous parlerons tout à l'heure, les grandes cavités thoracique et abdominale doivent être bourrées d'étoupe imprégnée de préservatif ou seulement d'alun.

Chien de Terre-Neuve. — On suit à peu près la méthode que nous venons de décrire.

Une fois l'animal écorché, comme nous l'avons expliqué pour l'écureuil, la peau doit être mise au bain, car, sans cette précaution la masse considérable de tissu adipeux qui y adhère la ferait infailliblement pourrir; nous donnons plus loin (page 107) la composition de ce bain, et le temps qu'il est nécessaire de l'y laisser séjourner, si l'on veut que l'opération soit parfaite.

Le vidage de la tête par le trou occipital, suivant le procédé indiqué plus haut, serait trop long, aussi emploie-t-on généralement un autre moyen : à l'aide d'un marteau, on brise la voûte palatine, et c'est par cette ouverture qu'on extrait la cervelle.

C'est aussi par la voûte palatine, et non par le trou occipital, qu'on fait passer le fil de fer de montage.

La désarticulation de l'os maxillaire inférieur est parfois nécessaire, afin de pouvoir en enlever toutes les parties molles.

Cette mâchoire est ensuite rattachée à l'aide de fils de fer de la même manière que les autres membres.

Tels sont les principes généraux qui régissent la préparation des petits et des gros mammifères.

PRÉPARATION ET MONTAGE DES MAMMIFÈRES.

Plus le poil est ras, plus l'animal est difficile à monter; car alors il est nécessaire, selon l'attitude, de reproduire artificiellement la tension des muscles, leur forme et leur direction. Chez les mammifères à long poil, tel que l'écureuil, l'état musculaire disparaît sous la robe dont l'animal est couvert.

Lorsque le sujet est frais, on peut de suite procéder au montage ; mais lorsqu'il arrive de pays lointains et que la peau est sèche, on doit tout d'abord procéder à son ramollissement.

Selon sa force et sa longueur, la peau est plus ou moins longue à se ramollir ; pour y arriver, il suffit de retirer la bourre et l'étoupe qui remplissent les cavités, et de remplacer l'une ou l'autre matière par de l'étoupe mouillée. Quelques naturalistes se servent d'éponges ; dans tous les cas, ce sont les pattes qui présentent le plus de difficultés.

Pour procéder avec ordre et bien nous faire comprendre, nous allons suivre l'opération sur un animal tué de la veille.

Le dépouillement terminé, en suivant avec soin les instructions qui font l'objet du précédent chapitre, on s'y prendra de la manière suivante :

La première opération consiste à bien dégraisser la peau ; à cet effet, on se sert de bons ciseaux à lames courbes, ou bien d'un couteau à lame large, mince et tranchante.

La deuxième opération consiste à passer cette peau au bain, afin de lui enlever les éléments de décomposition qu'elle renferme, et afin de la préserver de la voracité des insectes parasites.

Les naturalistes de Paris, lorsqu'ils ont de petits animaux à préparer, un écureuil, par exemple, se contentent de laisser la peau pendant quelque temps dans l'alun pulvérisé, et de la frotter à plusieurs reprises avec cette substance. D'autres se bornent à enduire intérieurement la peau d'une couche de préservatif.

Le préservatif le plus généralement employé est celui de Bécœur, ainsi composé :

Arsenic pulvérisé.	1,000 gr.
Sel de tartre.	0,375
Camphre.	0,153
Savon blanc.	1,000
Chaux en poudre.	0,250

Différents préservatifs ont également été préconisés; nous n'en donnerons pas la liste, elle nous paraît trop longue pour trouver sa place ici.

Lorsque l'animal est de grande dimension, on fait macérer la peau dans un bain, et on l'y laisse plus ou moins longtemps, selon qu'elle est plus ou moins épaisse. Généralement, on compte deux jours de bain à une peau de renard, et quatre ou cinq jours à une peau de loup.

Le bain se compose ainsi qu'il suit :

Eau commune.	5 litres.
Alun.	500 gr.
Sel marin.	250 gr.

On fait bouillir, et lorsque le tout est dissous, on laisse refroidir pour s'en servir au besoin.

Le bain n'exclut pas l'usage du préservatif et de l'alun pendant le montage.

Au Muséum d'histoire naturelle de Paris, le bain dont nous venons de donner la composition est remplacé par de l'esprit-de-vin.

Une fois la peau ainsi préparée, on passe au montage.

On retourne d'abord la peau sur les os de la tête, et on bourre cette dernière de filasse hachée, imprégnée d'alun; toutes les cavités qui paraissent conserver quelques traces de chair ou de tissu adipeux doivent être enduites de préservatif. On ramène ensuite la peau dans sa position naturelle et l'on commence à bourrer le cou.

Le bourrage se fait à l'aide d'un bourroir en fer, assez

semblable à celui dont les bourreliers se servent pour con-
fectionner les colliers des chevaux.

Le cou devra être rempli également de filasse hachée ;
cependant, pour les gros animaux, on emploie parfois du
foin ou de la mousse très-sèche.

Le foulage de l'étoupe dans cette partie du corps doit
être fait avec précaution ; c'est ainsi qu'on doit éviter de
trop tendre la peau, car alors on risquerait d'allonger le
cou et de lui donner une forme hors nature.

Pour monter un mammifère, il faut sept fils de fer : quatre
pour les jambes, un central pour le corps, un pour la tête,
et un septième plus mince pour la queue. Du reste, le tout
est relié ensemble et forme un même système.

Les fils de fer des jambes sont glissés le long des os,
jusqu'à la plante du pied, qu'ils doivent traverser et dépasser même, afin de pouvoir fixer l'animal sur un socle.
Au fur et à mesure qu'un fil de fer est placé, il est nécessaire de bourrer la peau d'étoupe hachée et saturée d'alun,
afin de pouvoir suivre progressivement la forme qu'on donne
à chaque membre, d'observer pour chaque paire les mêmes
proportions, et de ne pas s'écarter de l'harmonie.

Un point essentiel à observer lors du montage d'un qua-
drupède, est de bien conserver la position naturelle du tendon d'Achille. A cet effet, on a préconisé un moyen très-
ingénieux, qui consiste à nouer au tendon une ficelle qu'on
fait ressortir à trois ou quatre centimètres de l'anus, et sur
laquelle on tire de temps en temps, jusqu'à ce que l'animal
soit complétement monté et posé dans son attitude naturelle.

Le fil de fer de la queue ne doit pas dépasser celle-ci ; il
est introduit dans cet organe de la même manière que ceux
des jambes ; on l'entoure de filasse hachée, maintenue par
du fil, de manière à remplir la capacité du fourreau. Il est

dès lors facile de donner à la queue la position la plus naturelle.

Enfin le fil de fer de la tête est enfoncé dans le centre du tampon de bourre du cou, traverse soit le trou occipital, soit la voûte palatine, et il vient ressortir au milieu de la boîte osseuse, qui aura dû être percée à l'avance.

Ceci fait, on continue à bourrer les grandes cavités; seulement, au fur et à mesure que l'on avance, il est nécessair de fermer la peau par une couture bien faite, en commençant par le sternum et en se dirigeant vers l'anus. Les épaules surtout doivent attirer l'attention du préparateur, car l'omoplate n'existant plus, c'est de cette partie que dépend la solidité du montage.

Chez les mâles, les organes sexuels doivent être bourrées de la même manière.

Avant de fermer la couture, on place l'animal sur le flanc, et on l'aplatit en frappant sur toutes les parties qui, lors du bourrage, ont acquis trop de rotondité.

Enfin, on harmonise les membres avec le corps, et il ne reste plus alors au naturaliste qu'à donner à l'animal une attitude en rapport avec sa nature.

ATTITUDES DES OISEAUX.

L'oiseau le mieux préparé, le plus rigoureusement travaillé, perd tout son intérêt si, à l'aide d'une attitude vraie, on ne se rapproche pas de la nature. Qu'on se figure, par exemple, un perroquet monté haut sur jambes, planté sur son socle les ailes pendantes, le dos aplati, la queue relevée, le cou allongé et les yeux saillants. Il est de toute évidence qu'un animal semblable ne serait même plus un perroquet, et pourrait être pris pour une espèce nouvelle. Ce n'est pas là le compte du naturaliste, car sa collection doit être la représentation exacte de la nature prise sur le fait. L'animal doit conserver son attitude; la plante doit être munie de sa racine, de sa tige, de ses feuilles, de ses fleurs et même de ses fruits; le minéral doit présenter à l'œil la forme cristallographique qu'il affecte.

Ces considérations nous ont engagé à rassembler avec soin tout ce qui avait été écrit sur la matière, et avouons ici que c'est à Mouton Fontenille à qui nous sommes redevables des plus précieux documents.

RAPACES DIURNES. — Les vautours, les buses, les gypaëtes, les faucons, se montent tous à peu près de la même manière; ils peuvent indifféremment être montés haut ou bas sur jambes, les talons découverts et écartés, les jambes un peu fléchies et écartées de la queue; les ailes découvertes, un peu écartées du corps et croisées à leurs extrémités; le corps allongé, dans une position oblique, le dos légèrement aplati, la queue abaissée et écartée en voûte, mais en partie recouverte par les extrémités des ailes; le cou raccourci et rejeté légèrement en arrière; la tête arrondie, posée majestueusement sur le cou, et tournée soit à gauche, soit à droite; les yeux grands et saillants, noisette dans le vautour, orangé dans le gypaëte, brun ou jaunâtre dans les faucons, brun dans la buse, gris noirâtre dans le milan, et d'un blanc jaunâtre, ou jaune d'or, ou brun clair, selon les différentes espèces d'aigles.

RAPACES NOCTURNES. — Ils doivent être montés très-bas sur pattes, plutôt perchés que non perchés, les talons couverts et écartés, les jambes droites ou fléchies et rapprochées de la queue, les ailes couvertes, à moitié croisées à leur extrémité; le corps oblique, le dos arrondi, la queue abaissée, écartée en voûte et cachée par les extrémités des ailes; la poitrine arrondie, la tête très-arrondie et posée paisiblement sur le cou, qui devra être tourné à droite ou à gauche; les yeux grands, saillants, bleu noirâtre dans la chouette, noir dans l'orfraie, jaune brillant dans la chevêchette, orangé dans le grand-duc et jaune dans le petit-duc.

Omnivores. — Les *caloas* se montent haut sur jambes et généralement perchés. Les talons doivent être découverts, les jambes légèrement fléchies, les ailes un peu écartées du corps ou bien très-rapprochées, le corps oblique, la poitrine arrondie, le cou allongé, rejeté en arrière, le tête arrondie, les yeux petits et peu saillants.

Les *geais, casse-noix, ralliers*, etc., doivent être montés bas sur jambes et perchés, les talons découverts et rapprochés, les jambes fléchies, les ailes couvertes à moitié, rapprochées du corps, celui-ci dans une position oblique, le dos arrondi, la queue relevée et écartée, le cou raccourci, la tête tournée de côté, les yeux saillants, grands : bleu dans le geai, brun dans le casse-noix.

Les *corbeaux* et *corneilles* se montent bas sur jambes, perchés et non perchés, à la volonté du préparateur ; les talons découverts, écartés, et les jambes fléchies, rapprochées de la queue et également espacées, selon la position dans laquelle on veut les représenter ; les ailes peuvent être écartées du corps ou rapprochées de celui-ci. Sa position doit être oblique, le dos un peu aplati, la queue abaissée, ainsi que le ventre, la poitrine arrondie, la tête posée paisiblement sur le cou, et tournée soit à gauche, soit à droite. Les yeux de ces deux espèces sont saillants : ils sont blancs ou brun cendré dans le corbeau, noirs et noisettes dans la corneille.

Les *loriots* doivent être montés bas sur jambes et perchés, les talons découverts, rapprochés, les jambes fléchies, les ailes écartées ou couvertes au tiers, mais alors rapprochées du corps ; celui-ci allongé, oblique, le dos aplati, la queue et le ventre abaissés, la poitrine arrondie, le cou allongé, fléchi en arrière, la tête posée tranquillement sur le cou et

8

tournée de côté, les yeux grands, saillants, d'un rouge cerise foncé.

Les *étourneaux*, les *grives*, les *merles* se montent bas sur jambes, avec les talons découverts et rapprochés l'un contre l'autre, les jambes fléchies, les ailes couvertes au tiers et rapprochées du corps ; le corps allongé dans les étourneaux et les grives, raccourci dans le merle ; le dos arrondi, la queue un peu abaissée, la tête arrondie et posée paisiblement sur le cou et tournée de côté. Les yeux sont grands et saillants, brun foncé dans l'étourneau, noir dans le merle, gris noisette dans le merle à plastron blanc, ainsi que dans la grive.

INSECTIVORES. — Les *pies-grièches* doivent être montées bas sur jambes et perchées, les talons découverts et un peu rapprochés, les ailes couvertes au tiers, non croisées à leur extrémité et rapprochées du corps ; celui-ci oblique, le dos arrondi, la queue abaissée, écartée en voûte et non cachée par les extrémités des ailes, le ventre bas, la poitrine arrondie, le cou raccourci, légèrement incliné en arrière ; la tête posée paisiblement sur le cou et tournée de côté, les yeux grands, saillants, de couleur brun foncé.

Gobe-mouches, traquets, motteux. Ces différents genres doivent être montés haut sur jambes, perchés ou non perchés, à la volonté du préparateur ; les talons bien découverts, les jambes fléchies, les ailes pendantes et écartées du corps ou couvertes au tiers et rapprochées du corps ; celui-ci oblique, raccourci, le dos arrondi, la queue relevée en voûte ; le cou raccourci, incliné en avant ; tête droite, arrondie et portée en avant ; yeux petits, brun foncé dans le traquet.

Lavandières, bergeronnettes, rossignols, fauvettes et autres *bec fins* doivent être montés haut sur jambes, perchés ou non perchés, talons découverts, jambes fléchies ; les ailes peuvent occuper trois positions, ou découvertes et

écartées du corps, ou couvertes au tiers, ou pendantes plus
bas que la queue; corps allongé, dos rond, queue relevée et
écartée en voûte, poitrine très-arrondie dans les deux premières espèces; tête effilée; yeux de couleur brun foncé
dans les lavandières et bergeronnettes, noirs dans la fauvette, et noirs brillants dans le rossignol.

Gélinottes. Cette espèce doit être montée bas sur jambes,
perchée ou non perchée, jambes fléchies, talons découverts
et écartés, ailes couvertes à moitié et rapprochées du corps,
celui-ci allongé, horizontal ou oblique; dos plat en avant,
rond en arrière, tête arrondie, yeux grands, peu saillants.

GRANIVORES. — Les *alouettes* doivent être montées bas sur
jambes et non perchées, les talons découverts et écartés,
les jambes fléchies, les ailes couvertes au tiers et rapprochées du corps, ou découvertes et pendantes ; le corps raccourci ou allongé, le dos rond, la queue abaissée en voûte,
le cou raccourci, rejeté un peu en arrière; la tête arrondie,
posée paisiblement et tournée soit à gauche, soit à droite;
les yeux petits, saillants et noirs.

Mésanges, grimpereaux, bas et même très-bas sur jambes,
perchés ou cramponnés, les talons couverts ou découverts
et écartés, les jambes fléchies, les ailes peuvent être couvertes au tiers, ou découvertes et écartées du corps, celui-ci
raccourci ; dos arrondi, queue abaissée, et très-abaissée
lorsqu'on les monte cramponnés ; poitrine ronde, tête tournée de côté, yeux brun jaunâtre dans la mésange à mous-
taches, noirs dans les autres espèces.

*Moineaux, bruants, pinsons, chardonnerets, serins, li-
nottes, ortolans, bengalis.* Tous ces oiseaux se montent bas
sur jambes et perchés, les talons découverts et un peu rapprochés, les jambes fléchies, les ailes couvertes à moitié et
rapprochées du corps, le dos arrondi, la queue abaissée,
écartée en voûte; la tête arrondie, posée paisiblement sur

le cou et tournée à droite ou à gauche, selon la position que l'oiseau occupe; yeux petits, saillants, brun foncé dan les bruants et le pinson et noirs dans les autres espèces.

Les *bouvreuils, gros becs*, doivent être montés bas sur jambes et perenés, les talons découverts, écartés; les jambes fléchies, rapprochées de la queue; les ailes couvertes aux deux tiers et rapprochées du corps, celui-ci raccourci; le dos arrondi, la queue abaissée, le cou raccourci, rejeté en arrière; la tête paisiblement posée sur le cou, tournée de côté; les yeux noirs dans le bouvreil, et brun foncé dans les autres espèces.

ZIGODACTYLES. — Les *coucous* doivent être montés bas et même très-bas sur jambes et perchés, les talons couverts ou découverts, à volonté, et rapprochés du corps; les jambes fléchies et bien au centre du corps, les ailes couvertes à moitié et rapprochées du corps, celui-ci allongé; le dos aplati, le cou raccourci, rejeté en arrière; la tête portée en avant, tournée de côté; les yeux grands, peu saillants et jaunes, surtout chez les mâles.

Toucans, sont représentés bas sur jambes et perchés, avec les talons découverts et un peu rapprochés, les ailes découvertes, écartées du corps, celui-ci allongé, oblique; le dos arrondi, la queue abaissée, le cou raccourci et rejeté en arrière, la tête en avant, les yeux petits, peu saillants.

Barbus, sont montés bas sur jambes et perchés, les talons découverts, écartés, jambes légèrement fléchies, ailes couvertes au tiers et rapprochées du corps, celui-ci raccourci, oblique; dos arrondi, queue légèrement abaissée, cou raccourci, rejeté en arrière, yeux grands et saillants.

Torcols. Ces oiseaux doivent être montés bas sur jambes, perchés ou non perchés, les talons découverts, écartés; jambes fléchies, ailes couvertes au tiers, rapprochées du corps; dos arrondi, queue abaissée, cou raccourci ou allongé, selon la position qu'on veut donner à l'oiseau, très-fléchi, soit en avant, soit en arrière, soit sur un des côtés; yeux petits, peu saillants et d'un brun noisette.

Perroquets, doivent être montés bas et même très-bas sur jambes, perchés ou cramponnés, les talons découverts ou couverts, mais un peu écartés; les jambes fléchies et rapprochées de la queue, surtout lorsqu'on représente l'oiseau perché, les ailes couvertes au tiers et rapprochées du corps quand ils perchent, et découvertes quand ils sont cramponnés; corps allongé, oblique, dos arrondi, queue abaissée, écartée en voûte; tête aplatie sur les côtés, posée paisiblement sur le cou et tournée de côté; yeux petits, peu saillants, bruns dans le perroquet à tête grise, blanc jaunâtre dans le gris, jaunes dans le perroquet à tête bleue et à épaulettes rouge, blancs dans celui à tête rouge, blancs dans la perruche à collier.

Pies, épeiches, doivent être montées bas sur jambes et cramponnées; les talons peuvent être couverts ou découverts, mais alors écartés; jambes très-fléchies, écartées du talon et à la naissance des doigts; ailes découvertes, écartées du corps, celui-ci allongé, vertical; dos aplati, queue très-abaissée, écartée et appuyant sur l'objet sur lequel l'animal est cramponné; cou allongé, rejeté en arrière; tête ronde, portée en avant; yeux grands, peu saillants, blancs dans le pivert, rouge dans l'épeiche, rouge clair dans le pivert cendré, blanc jaunâtre dans le pivert noir.

Anisodactyles. — *Sittelles.* Cette espèce doit être montée très-bas sur jambes, perchée ou cramponnée, talons couverts ou découverts, écartés; jambes fléchies au perchoir, très-fléchies lorsque l'oiseau est cramponné au perchoir; les ailes doivent être couvertes au tiers, elles sont au contraire découvertes et écartées lorsque l'animal est cramponné; corps raccourci, oblique ou vertical, selon la position ; dos aplati, queue abaissée, cou raccourci, rejeté en arrière, tête ronde portée en avant, yeux petits peu saillants.

Colibri, oiseaux-mouches, bas sur jambes et perchés, talons découverts ou couverts et écartés, jambes fléchies, corps allongé, horizontal ou oblique; dos rond, queue relevée en voûte, poitrine arrondie, cou raccourci, fléchi en arrière; tête effilée, portée en avant; yeux petits à fleur de tête.

Les *huppes* se montent bas sur jambes et perchées, les talons découverts et écartés, les jambes fléchies et pliées, les ailes ou découvertes et écartées du corps, ou couvertes au tiers et rapprochées du corps.

Celui-ci allongé, le dos arrondi, la queue abaissée, écartée en voûte; la tête ronde, posée paisiblement sur le cou et tournée à gauche ou à droite; la huppe abaissée et un peu entr'ouverte, les yeux grands, saillants et bruns.

Alcyons. — Les *guêpiers* se montent bas sur jambes et perchés, les talons découverts et écartés, les ailes découvertes, écartées du corps ou couvertes au tiers et rapprochées; corps oblique allongé, queue abaissée en voûte, cou allongé, rejeté en arrière; tête ronde, yeux petits et peu saillants.

Martins-pêcheurs, todiers, doivent être montés bas sur jambes et perchés, les talons couverts, écartés, les jambes très-fléchies, les ailes découvertes et écartées, ou couvertes au tiers et rapprochées du corps, celui-ci raccourci, oblique ; le dos arrondi, légèrement proéminent à la partie postérieure; la queue abaissée, le cou raccourci, fléchi en arrière; la tête portée en avant et tournée d'un côté, le bec fermé, et les yeux d'un brun foncé, ayant une direction oblique.

Chélidons. — *Engoulevents.* Ces oiseaux doivent être montés très-bas sur jambes, perchés ou non perchés, selon le caprice du préparateur ; les talons doivent être couverts et écartés, les jambes très-fléchies, les ailes couvertes au tiers et croisées à leurs parties inférieures ; le corps oblique ou horizontal, le dos plat, la queue abaissée, le cou raccourci, jeté en avant, ainsi que la tête, qui est légèrement aplatie au sommet ; les yeux grands et saillants.

Hirondelles et *martinets*, très-bas sur jambes, talons couverts et écartés, jambes très-fléchies, rapprochées de la queue ; ailes indifféremment couvertes au tiers et rapprochées, ou découvertes et rapprochées du corps, croisées à leurs extrémités ; corps allongé ou raccourci, dos plat, queue abaissée et écartée en voûte, tête aplatie, posée paisiblement sur le cou, tournée d'un côté ; yeux petits à fleur de tête, brun foncé.

Pigeons. — *Pigeons* et *tourterelles.* Ils doivent être montés bas sur jambes, perchés ou non perchés, talons découverts, occupant le centre du corps ; ailes découvertes ou couvertes au tiers et rapprochées du corps, celui-ci allongé ; dos rejeté légèrement en arrière ; tête ronde, posée paisiblement sur un cou tourné de côté ; yeux petits, peu saillants, blanchâtres, jaune blanchâtre dans le ramier, oranges dans la tourterelle.

Gallinacés. — Les *paons* se montent haut sur jambes, perchés ou non perchés ; nous donnons la préférence à cette dernière position ; les talons doivent être découverts et rapprochés, les jambes un peu fléchies, les ailes couvertes au deux tiers et serrées contre le corps, celui-ci allongé, oblique ; dos aplati antérieurement, arrondi postérieurement ; queue abaissée et fermée, cou allongé, fléchi en avant, à la base et au sommet, et fléchi en arrière vers son centre ; tête ronde, aigrette droite et un peu écartée, yeux grands et proéminents.

Les *coqs* et les *poules* doivent être indifféremment montés haut et bas sur jambes, perchés ou non perchés, les talons découverts, les jambes fléchies, les ailes couvertes au tiers et serrées au corps, celui-ci raccourci, oblique dans le coq, horizontal dans la poule ; dos aplati antérieurement, arrondi postérieurement ; queue relevée, comprimée, recourbée en croc dans le coq ; ventre abaissé dans la poule, relevé dans le coq; cou raccourci, rejeté en arrière ; tête ronde, posée paisiblement dans la poule, majestueusement dans le coq et tournée de côté, la crête ou huppe relevée, les yeux grands, saillants et orangés, cramoisis dans la vieillesse, et, dans la poule, d'un rouge brique.

Les *faisans* se montent haut sur jambes, perchés ou non perchés, avec talons découverts, écartés; les jambes un peu fléchies, placées au centre du corps; les ailes couvertes aux deux tiers, serrées contre le corps, celui-ci un peu allongé ; le dos plat antérieurement, relevé à la partie moyenne et arrondi postérieurement; la queue abaissée, écartée; la poitrine arrondie, le cou raccourci et légèrement rejeté en arrière; la tête ronde tournée de côté; la huppe doit être relevée et un peu écartée dans le faisan doré; yeux jaunes dans le faisan ordinaire, brun dans le faisan argenté et jaune aurore dans le faisan doré.

- *Dindons.* Cet oiseau se monte haut sur jambes, perché ou non perché, avec talons découverts et écartés, les jambes fléchies, les ailes couvertes à moitié et serrées au corps, celui-ci horizontal ou oblique; le dos plat antérieurement, arrondi postérieurement; la queue abaissée, poitrine ronde, à plumes légèrement écartées; cou fléchi en avant, à la base et au sommet, et fléchi en arrière vers son centre; caroncules pendantes à la peau de la gorge plissée, yeux grands, à fleur de tête, et d'un brun foncé.

CHAPITRE XI

Conservation des œufs et des nids d'oiseaux.

L'ovologie est la science qui a pour objet l'étude des œufs de tous les animaux ovipares. Outre l'intérêt que présentent ces belles recherches, on comprendra en même temps l'importance qu'elles doivent avoir dans la connaissance des *us et coutumes* des oiseaux; aussi le naturaliste doit-il apporter tous ses soins pour que sa collection d'œufs et de nids soit aussi complète que possible.

Chose étrange, c'est que, jusqu'à ce jour, on n'a pas encore songé à réunir, dans un ouvrage spécial, l'ovologie générale du globe; les documents sont épars dans cent opuscules différents, mais aucun travail d'ensemble n'a encore été entrepris.

Nous devons cependant signaler ici le bel ouvrage de M. Lefèvre, sur les œufs des oiseaux d'Europe; mais les individus décrits sont loin encore d'être au grand complet. Pour arriver à établir un prodrome général, il serait nécessaire que le gouvernement lui-même vînt en aide aux savants.

L'ovologie est donc une science spéciale, mais qui a un rapport direct avec les animaux ovipares. On peut posséder une fort belle collection d'oiseaux, sans avoir un seul œuf; il serait à désirer que le contraire fût, car l'œuf et le nid complètent l'histoire de l'animal et font partie intégrante des études qui s'y rattachent.

L'œuf sans le nid perd de sa valeur; de même, le nid sans l'œuf n'a plus beaucoup d'intérêt. En outre, il est nécessaire de posséder le nid dans sa position naturelle, c'est-à-dire entouré des branches lorsque l'oiseau perche, et entouré des détritus qui l'environnent lorsque l'oiseau ne perche pas.

Dans le premier cas, il serait nécessaire de couper la partie fourchue des branches sur laquelle il repose, à quelques centimètres au-dessous et au-dessus du nid, et de monter le tout sur un socle. Dans le second cas, le nid se poserait sur les tablettes du cabinet; mais alors, il serait essentiel de l'entourer d'herbes, au milieu desquelles l'oiseau préfère déposer sa progéniture.

Chaque nid, ainsi préparé, devrait recevoir les œufs de l'espèce qui a présidé à sa construction, et si, à côté, il était possible d'y placer le père et la mère, on aurait alors la collection la plus complète et la plus intéressante qui ait jamais existé.

Les nids se détériorent facilement, surtout lorsqu'ils sont composés de substances légères et de p umes; un monde d'insectes peut s'y développer. Avant de les mettre en collection, il est essentiel de leur faire subir une préparation, afin de faire périr non-seulement les animaux parasites qui s'y trouvent, mais encore ceux qui pourraient s'y développer. A cet effet, nous conseillons de les placer, soit dans une étuve, soit de les soumettre aux influences des vapeurs de la fleur de soufre, puis de les plonger dans le liquide dit liqueur de Smith, composée de :

Sublimé corrosif.	8 gr.
Camphre.	8 gr.
Alcool.	1 litre.

On les ferait ensuite sécher au soleil ou à l'étuve, selon la saison, et on pourrait alors les collectionner sans craindre la destruction.

Les œufs doivent aussi subir une préparation particulière; car si on voulait les conserver sans les vider, il arriverait indubitablement qu'une fois la matière intérieure entrée en fermentation, ils éclateraient : c'est, du reste, ce qui nous est arrivé plusieurs fois. Pour éviter ce grand inconvénient, il ne s'agit que de les vider en pratiquant aux deux extrémités une petite ouverture.

Nous ne terminerons pas ce chapitre sans émettre une pensée :

Les fruits, les fleurs et les plantes peuvent être reproduites avec une fidélité parfaite à l'aide de la cire; témoins les belles collections de la galerie botanique du Muséum, et celle du Conservatoire des arts et métiers. Pourquoi n'emploirait-on pas cette substance à la reproduction des collections ovologiques?

CHAPITRE XII

Code de la chasse.

1º Les préfets déterminent l'époque de l'ouverture et celle de la clôture de la chasse dans leurs départements respectifs;

2º Il est interdit de mettre en vente, d'acheter, de transporter et de colporter du gibier pendant le temps et dans les départements où la chasse n'est pas permise. — La recherche du gibier, en temps prohibé, peut être faite chez les aubergistes, chez les marchands de comestibles et dans les lieux ouverts au public, mais non chez les particuliers. Il est interdit aussi de prendre ou de détruire sur le terrain d'autrui des œufs et des couvées de faisans, de perdrix et de cailles;

3º Nul ne peut chasser si la chasse n'est pas ouverte, et s'il ne lui a pas été délivré un permis de chasse par l'autorité compétente. — Nul, non plus, n'a la faculté de chasser sur la propriété d'autrui sans le consentement du propriétaire ou de ses ayants-droit.

Le propriétaire ou le possesseur peut cependant chasser

en tout temps, sans permis de chasse, dans ses possessions
attenant à une habitation et entourées d'une clôture continue faisant obstacle à toute communication avec les héri-
tages voisins;

4° Les permis de chasse sont délivrés, sur l'avis des
maires, par les préfets. Le prix en est fixé à 25 fr., dont
15 fr. pour l'État et 10 fr. pour la commune. Ils sont per-
sonnels à ceux qui les ont obtenus, et valables pour un an
seulement. Aucun permis n'est livré qu'après justification
du payement du prix par la quittance du percepteur. Cette
quittance ne peut nullement suppléer le permis, et on ne
serait pas recevable à donner pour excuse, après avoir été
l'objet d'un procès-verbal faute de représenter le permis,
qu'on en a fait la demande et payé les droits;

5° Le préfet peut refuser le permis de chasse : 1° à tout individu majeur qui n'est pas personnellement inscrit, ou dont
le père ou la mère ne serait pas inscrit au rôle des contributions; 2° à tout individu qui, par une condamnation judi-
ciaire, a été privé de vote et d'élection, d'éligibilité, ou de
quelqu'un des autres droits énumérés dans l'art. 42 du Code
pénal; 3° à tout condamné à un emprisonnement de plus de
six mois pour rébellion ou violences envers les agents de l'autorité publique; 4° à tout condamné pour délit d'association
illicite, de fabrication, débit, distribution de poudre, armes
ou autres munitions de guerre, de menaces, d'entraves à la
circulation des grains, de dévastation d'arbres ou de récoltes et autres produits des champs; 5° à ceux qui ont été
condamnés pour vagabondage, mendicité, vol, escroquerie
ou abus de confiance. La faculté de refuser le permis aux
condamnés dont il vient d'être question cesse cinq ans après
l'expiration de la peine.

6° Le permis de chasse n'est pas délivré : 1° aux mineurs
âgés de moins de seize ans accomplis; 2° aux mineurs de

seize à vingt ans, à moins qu'il ne soit demandé pour eux par leur père, mère, tuteur ou curateur porté au rôle des contributions; 3° aux interdits; 4° aux gardes champêtres ou forestiers des communes et établissements publics, ainsi qu'aux gardes forestiers de l'État et aux gardes champêtres;

7° Le permis de chasse n'est pas accordé : 1° à ceux qui, par suite de condamnation, sont privés du droit de port d'armes; 2° à ceux qui n'ont pas exécuté les condamnations prononcées contre eux pour délits de chasse; 3° à tout condamné placé sous la surveillance de la haute police;

8° Dans le temps où la chasse est ouverte, le permis donne, à celui qui l'a obtenu, le droit de chasser de jour, à tir et à courre, sur ses propres terres et sur les terres d'autrui avec le consentement de celui à qui la chasse appartient. Tous autres moyens de chasse, à l'exception des furets et des bourses destinés à prendre le lapin, sont formellement prohibés;

9° Les peines en matière de délit de chasse sont : la confiscation des armes, filets, engins et autres instruments de chasse; une amende qui varie de 16 à 300 fr., un emprisonnement qui peut aller jusqu'à deux mois; enfin le payement des frais du procès et les dommages-intérêts, s'il y a lieu, envers le propriétaire sur les terres duquel on a chassé;

10° Les délits de chasse sont prouvés, soit par procès-verbaux ou rapports des maires, adjoints, commissaires de police, officiers, maréchaux des logis ou brigadiers de gendarmerie, gendarmes, gardes forestiers, gardes champêtres, gardes pêche, gardes particuliers, employés des contributions indirectes et des octrois, soit par témoins, à défaut des rapports et procès-verbaux, ou à leur appui;

11° Les délinquants ne peuvent être ni saisis, ni désarmés; néanmoins, s'ils étaient déguisés ou masqués, s'ils refusaient de faire connaître leurs noms ou s'ils n'avaient pas de domicile connu, ils seraient conduits devant le maire ou le juge de paix ;

12° Tous les délits de chasse sont poursuivis d'office par le ministère public, sans préjudice du droit des parties lésées d'agir, de leur côté, en réparation des dommages ;

13° Le père, la mère, le tuteur, les maîtres et commettants sont civilement responsables des délits de chasse commis par leurs enfants mineurs non mariés, pupilles demeurant avec eux, domestiques ou préposés, sur le recours de droit ;

14° Toute action relative aux délits de chasse se prescrit par le laps de trois mois, à compter du jour du délit, celui-ci compris.

FIN.

TABLE DES MATIÈRES

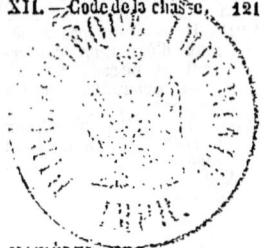

FIN DE LA TABLE DES MATIÈRES.

LAGNY. — Imprimerie de A. VARIGAULT.

Lagny. — Imprimerie de A. Vialat.

www.ingramcontent.com/pod-product-compliance
Lightning Source LLC
Chambersburg PA
CBHW071817090426
42737CB00012B/2127